CHANSONNIER
DE MOMUS
POUR 1823.

OUVRAGES NOUVEAUX

Qui se trouvent chez le même Libraire

LES SOUPERS DE MOMUS, les années de la collection. Prix : 20 fr.

POÉSIES DE MADAME DESBORDE-VALMORE. Troisième édition, augmentée de beaucoup de morceaux inédits ; 1 vol. in-18, grand raisin, orné de quatre jolies gravures. Prix : 5 fr.

Papier vélin-superfin, fig. avant la lettre, 10 fr.

LE RODEUR FRANÇAIS, ou les MŒURS DU JOUR, par B. de Rougemont, Cinquième édition. Cinq vol. in-12, ornés de dix jolies gravures. Prix : 17 f. 50 c.

CHANSONS ET POÉSIES, PAR B. DE ROUGEMONT, deuxième édition, 1 vol. in-18, avec une jolie gravure et une vignette. Prix : 2 fr.

Idem, papier vélin, 4 fr.

PETIT VOCABULAIRE PHILOSOPHIQUE, ou RECUEIL D'ANECDOTES INÉDITES, BONS MOTS, etc., 1 vol. in-18, orné d'une jolie gravure représentant le TABLEAU DES LOIS HUMAINES Ce petit volume, qui a été annoncé dans *le Miroir* du 3 décembre 1822, est on ne peut plus curieux et amusant. Prix : 2 fr.

IMPRIMERIE DE FAIN.

CHANSONNIER

de Momus

ou
Recueil de Chansons inédites

PAR

MM. les Membres des dîners du
Vaudeville, du Caveau moderne et des
Soupers de Momus.

Pour 1823.

à Paris

Chez Th.^{re} Grandin Libraire
Rue d'Anjou Dauphine, N° 7.
1823.

CHANSONNIER
DE MOMUS.

LES GLISSADES.

AIR : *De la Treille de sincérité.*

Il est temps que l'hiver finisse.
Que de verglas il fait chez nous !
    On glisse ;
  Prenez garde à vous.

Du grand chemin lorsqu'on s'écarte,
Mon Dieu ! qu'il est drôle de voir,
Comme des capucins de carte,
Grands et petits se laisser choir.   (*bis.*)
On ne peut s'empêcher de rire,
Lorsqu'un passant vient à glisser,
D'entendre son voisin lui dire,
En accourant le ramasser :
Il est temps, etc.

1823.

Dimanche la jeune Clarisse,
Allant au bain sans son mari,
Les mains prises dans sa pelisse,
Perd l'équilibre et pousse un cri.   (*bis.*)
Un vieillard, sachant où la belle
En secret allait à grands pas,
Plus par malice que par zèle,
La relève, et lui dit tout bas :
Il est temps, etc.

Ce matin je dis à Dorville :
En me rencontrant avec lui,
« Où courez-vous ? — Au Vaudeville ;
» On donne ma pièce aujourd'hui.
» Entre nous, sans forfanterie,   (*bis.*)
» D'un grand succès j'ai tout l'espoir......»
Le pied lui manque..... et je lui crie :
« Vous allez tomber...... à ce soir. »
Il est temps, etc.

Pour jouer la hausse et la baisse,
Un banquier du quartier d'Antin
Arrrive à la bourse et se laisse
Dégringoler sur le terrein.
« D'honneur, la place est effrayante, »
Criai-je, en le montrant au doigt,

« Depuis deux jours, en voilà trente
» Qui tombent tous au même endroit. »
Il est temps, etc.

Un ministre, dans la disgrâce,
Qui du Louvre redescendait,
Sur l'escalier se trouve en face
De celui qui lui succédait. (*bis*.)
« Monseigneur, je vous félicite, »
Dit le ministre déplacé,
« Montez; mais n'allez pas trop vite
» Dans le chemin où j'ai passé. »
Il est temps, etc.

Nous, que ce banquet agréable
Doit rendre contens et joyeux,
Le dos au feu, le ventre à table,
Rions, chantons à qui mieux mieux. (*bis*.)
Si, du plaisir heureux apôtres,
Nous buvons trop dans le repas,
Nous chanterons comme les autres,
En nous tenant tous par le bras.
Il est temps que l'hiver finisse.
Que de verglas il fait chez nous!
  On glisse;
   Prenez garde à vous!
      M. Brazier.

LE TEMPS.

Air : *Ce magistrat irréprochable.*

Près de la beauté que j'adore,
Je me croyais égal aux Dieux,
Lorsqu'au bruit de l'airain sonore,
Le temps apparut à nos yeux.
Faible comme une tourterelle
Qui voit la serre des vautours :
« Ah ! par pitié, lui dit ma belle, ⎫
» Vieillard, épargnez nos amours ! »⎭ *bis.*

Devant son front chargé de rides
Soudain nos yeux se sont baissés ;
Nous voyons à ses pieds rapides
La poudre des siècles passés.
A l'aspect d'une fleur nouvelle
Qu'il vient de flétrir pour toujours :
« Ah ! par pitié, lui dit ma belle,
» Vieillard, épargnez nos amours ! »

« Je n'épargne rien sur la terre,
» Je n'épargne rien même aux cieux, »

Répond-il d'une voix austère :
« Vous ne m'avez connu que vieux.
» Ce que le passé vous révèle
» Remonte à peine à quelques jours.
— » Ah ! par pitié, lui dit ma belle,
» Vieillard, épargnez nos amours.

— » Sur cent premiers peuples célèbres,
» J'ai plongé cent peuples fameux
» Dans un abyme de ténèbres,
» Où vous disparaîtrez comme eux ;
» J'ai couvert d'une ombre éternelle
» Des astres éteints dans leurs cours.
— » Ah ! par pitié, lui dit ma belle,
» Vieillard, épargnez nos amours !

— » Mais, malgré moi, de votre monde
» La volupté charme les maux,
» Et de la nature féconde
» L'arbre immense étend ses rameaux ;
» Toujours sa tige renouvelle
» Des fruits que j'arrache toujours.
— » Ah ! par pitié, lui dit ma belle,
» Vieillard, épargnez nos amours ! »

Il nous fuit, et, près de le suivre,
Les plaisirs, hélas ! peu constans,

Nous voyant plus pressés de vivre,
Nous bercent dans l'oubli du temps.
Mais l'heure, en sonnant, nous rappelle
Combien tous nos rêves sont courts ;
Et je m'écrie avec ma belle :
« Vieillard, épargnez nos amours ! »

M. P.-J. de Béranger.

MON DOCTEUR.

Air *du vaudeville des Dehors trompeurs.*

Mon docteur est un homme aimable,
Quoiqu'il ne soit beau, ni bien fait ;
Ma femme le trouve agréable :
On est toujours bien quand on plaît.
Avec moi ma femme est souffrante,
Elle est triste, elle a de l'humeur ;
Mais elle est gaie et bien portante
Dès qu'elle aperçoit son docteur.

Ce docteur, levant tout obstacle,
M'envoie aux champs malgré l'hyver ;

Il conduit ma femme au spectacle,
Au bal, au Musée, au concert.
Quand je reviens, cet homme habile
Dit : « Suivez ce que je prescris ;
» Allez souvent dîner en ville ;
» En tous les temps faites deux lits. »

D'une santé bien chancelante,
Ma femme éprouva l'autre soir
Une faiblesse inquiétante
Jugez quel fut mon désespoir!
Mais, pour moi toujours plein de flamme,
Cet aimable docteur me dit :
« Je reste, et soignerai madame... »
Auprès d'elle il passa la nuit.

Ainsi qu'un oracle on l'écoute ;
Dans ma maison il fait la loi ;
Il a, comme bien on s'en doute,
Toujours son couvert mis chez moi.
Chacun le croit de la famille ;
En un mot, dans ses soins constans,
Il aime mon fils et ma fille
Comme s'ils étaient ses enfans.

M. Coupart.

LES CHAMPS-ÉLYSÉES.

Tableau adressé aux Directeurs du Jardin Beaujon.

Air nouveau.

Avenue immense,
Orgueil de la France,
Charme de Paris !
C'est le lieu qu'assiégent,
C'est le trône où siégent
Les Jeux et les Ris.

Franchissant l'espace,
De la même place
L'œil voit à la fois
L'humble maisonnette,
La franche guinguette,
Le palais des Rois.

Des jeux populaires,
Des courses légères,

Rendez-vous bruyant ;
Ici la grisette,
Plus loin la coquette
M'agace en riant.

Là, l'exacte aiguille
A la jeune fille
Indique son poids ;
Le tournant sans cesse,
Vers la bague on presse
Un cheval de bois.

Là le jeu de boule
Amène une foule
De joyeux barbons ;
Là toute une école,
Du ballon qui vole,
Guette et suit les bonds.

L'écho, sous l'ombrage
Du tir de Lepage,
Répète le bruit.
Ici la raquette
Attire ou rejette
La balle qui fuit.

Le jour luit encore ;
Au salon de Flore
Résonne un crin crin,
Et zeste, en cadence
On court à la danse
Se remettre en train.

Les parens s'enivrent,
Les enfans se livrent
A leur gai transport ;
Spectacle bachique,
Où, sans la musique,
Tout serait d'accord.

Mais quel bruit entends-je ?
Le spectacle change ;
On quitte les jeux :
Sur la route entière
Des flots de poussière
Montent vers les cieux.

Les airs retentissent,
Les mains applaudissent ;
Les cœurs en émoi
Battent de tendresse
A ce cri d'ivresse :
Vive notre Roi !

Bref, la cour, la ville,
De ce doux asile
Font leur rendez-vous
Et je vois d'avance
Paris et la France
Etablis chez vous.

M. Désaugiers.

LE CHANSONNIER

COMME IL Y EN A QUELQUES-UNS.

Air : *Du scandale, etc.*

Moi je rime, (*bis.*)
Soir et matin je m'escrime,
Moi je rime, (*bis.*)
Couplets
Sur tous les sujets.

Fabricant de petits vers,
On trouve dans ma boutique
Du moderne et de l'antique
Sur mille sujets divers ;

A l'usage des familles
Je brode, suivant les cas,
Sur la tournure des filles,
Ou les vertus des papas.
  Moi je rime, etc.

Je livre à monsieur Dandin,
Quand sa femme le rend père,
Des couplets pour le compère,
La marraine et le bambin ;
J'ai des vers de mariage
Pour assortiment complet,
Complimens pour le veuvage
Et très-jolis *hic jacet*.
  Moi je rime, etc.

Pour chanter l'homme du jour
Je suis vraiment admirable ;
Sous le nom d'inévitable
On me connaît à la cour.
Pour les ministres en place
Je tiens des vers à l'encens ;
Tombent-ils dans la disgrace ?
J'ai des couplets bien mordans.
  Moi je rime, etc.

Voulez-vous du langoureux ?
Préférez-vous du bachique ?
Voilà du patriotique,
Des couplets religieux.
Au goût de votre cabale
Messieurs on vous servira ;
Si ma Muse est *libérale*,
Mon Apollon est *ultrà*.
  Moi je rime, etc.

Je me suis fait certain plan,
Et j'accommode, sans peine,
Mes amis de Sainte-Hélène,
Ceux du pavillon Marsan.
Je travaille en habile homme :
En arrangeant quelques mots,
Mes couplets au roi de Rome
Iront au duc de Bordeaux.
  Moi je rime, etc.

Rien ne reste dans mes mains ;
Mes amis, quoi qu'on en dise,
Pour placer ma marchandise
J'ai des débouchés certains.
J'expédie en Amérique,
 En Espagne, en vingt endroits ;

Les vers pour la république
Que j'écrivais en l'an trois.
　　Moi je rime, etc.

Parfois, des fils de Momus
Je visite la chapelle ;
En momusien plein de zèle
J'y bois, j'y chante en chorus.
J'y traçai ce vaudeville,
Trinquant, sans me déranger,
A droite avec Martainville,
A gauche avec Béranger.
　　Moi je rime,　　　　　　(*bis.*)
Soir et matin je m'escrime ;
　　Moi je rime,　　　　　　(*bis.*)
　　　Couplets
　　Sur tous les sujets.

　　M. le chev. Coupé de St.-Donat.

CRIN CRIN, PAN PAN, ZON ZON.

AIR : *Tin, tin, tin,* ou *Sans mentir.*

Pour la contre-danse équestre
Du cirque de *Franconi*,
Ce n'est pas trop d'un orchestre
Que conduirait *Spontini*.   (*bis.*)
Pour sauter avec la belle
Que le désir met en train,
Il suffit de chanterelle
Que fatigue archet de crin,
    Crin, crin, crin,   (*bis*)
Ou bien d'un joyeux refrain.

Voyez-vous cette bigote
Qui n'ose lever les yeux,
Qui psalmodie et marmotte
D'un ton bien religieux ?   (*bis.*)
C'est Élise, que l'église
Ne voit pas s'émancipant ;
Mais à la porte d'Élise
Quand un galant vient frappant,
    Pan, pan, pan,   (*bis.*)
Elle ouvre dévotement.

Urbain, dont l'humeur jalouse
Voit tout jaune et biscornu,
A surprendre son épouse
N'est pas encor parvenu. (*bis.*)
En vain il épie, il guette
Qui rend son front contrefait;
L'Amour seul sait la cachette,
Et crie alors qu'il paraît :
  Fait! fait! fait! (*bis.*)
L'époux reste stupéfait.

Pour corriger une femme,
Nous dit Roch, le marmiton,
Du fin fond du cœur je blâme
Celui qui prend un bâton. (*bis.*)
Mais lorsque sa ménagère,
Forçant le diapazon,
Oubliant son caractère,
Fait du train à la maison,
  Zon, zon, zon, (*bis.*)
Il la met à la raison.

M. A. Desprez.

CELA NE MÈNE A RIEN.

Air *du vaudeville de l'an* 1840.

Voulez-vous parvenir
Auprès des gens en place ?
Montrez-vous, sans rougir,
Toujours à double face ;
Voilà le vrai moyen
D'obtenir une grâce ;
Mais être homme de bien...
Cela ne mène à rien.

Vous trouvez-vous, amans,
Près de fine coquette ?
Soyez entreprenans,
Point de crainte secrète ;
Voilà le vrai moyen
De vaincre une fillette ;
Mais un fade entretien...
Cela ne mène à rien.

Veut-on gloire et profit ?
On fait des mélodrames ;

Cela n'est pas écrit,
N'importe! on plaît aux dames;
Voilà le vrai moyen
D'allumer bien des flammes;
Mais être grammairien...
Cela ne mène à rien.

Une femme souvent
A l'âme peu cruelle:
Dans ce cas, prudemment
Agissez avec elle;
Voilà le vrai moyen
De la rendre fidèle;
Mais lui mettre un gardien.....
Cela ne mène à rien.

L'aimable chambertin,
Lorsque j'en bois, m'inspire:
Grâce à ce jus divin,
J'accorde mieux ma lyre;
Voilà le vrai moyen
De bien chanter, d'écrire;
Mais de l'eau pour soutien!..
Cela ne mène à rien.

M. W. La Fontaine.

VIVE L'IVRESSE.

Air *du vaudeville de la Famille moscovite.*

Quand le vin vieux
Trouble
Mes yeux,
Ses divins feux
Font tout paraître double;
Et grâce à ce miracle heureux,
Dans un plaisir j'en vois deux.

Destin sévère,
Tu peux m'accabler;
Lorsqu'en mon verre
J'ai de quoi sabler,
Ce breuvage (*bis.*)
Double toujours mon courage;
Ce breuvage (*bis.*)
Fait un luron
D'un poltron.
Quand le vin vieux, etc.

Qu'un roi gouverne,
Rende maint édit;
Dans la taverne,
Moi j'ai grand crédit:
J'y suis prince;
La cave c'est ma province;
J'y suis prince,
Et quand je boi
Je suis roi.
Quand le vin vieux, etc.

La renommée
A des envieux;
Mais sa fumée
Me fait mal aux yeux.
Pour la gloire
Qui ne donne rien à boire,
Pour la gloire
Je ne fais pas
Quatre pas.
Quand le vin vieux, etc.

De ma tendresse
Bacchus fait les frais;
De ma maîtresse
Il pare les traits;

Elle est borgne,
Mais quand j'ai bu, je la lorgne :
Elle est borgne,
Et je vois deux
Beaux yeux bleus.
Quand le vin vieux, etc.

L'homme qui pleure,
De chagrins rongé,
En moins d'une heure
Peut être changé :
Qu'il s'arrose,
Tout sera couleur de rose ;
Qu'il s'arrose,
Et qu'il dise en
Se grisant :
Quand le vin vieux
Trouble
Mes yeux,
Ses divins feux
Font tout paraître double ;
Et, grâce à ce miracle heureux,
Dans un plaisir j'en vois deux.

M. CARMOUCHE.

LES ENVIES DE FEMME GROSSE,

OU

COMPLAINTE D'UN MARI.

Air : *A ma Margot du bas en haut.*

J'ai tous les jours les sens aigris ;
Mes cheveux en deviennent gris,
D'puis qu' ma femme est grosse, j' maigris !

Enfin, messieurs, tant que l' jour dure,
Ell' crie, ell' sonne, ell' tape, ell' jure :
De c' que j'ai fait j'ai ben des r'mords ;
Car faut qu'elle ait l' diable dans l' corps.
Ah ! mondieu ! (*bis*) mondieu ! je réclame
    Une sage femme.
J'ai, etc.

Je voudrais flatter ses manies ;
Mais enfin elle a tant d'envies,
Que, quoique j' veuill' ben m'y prêter,
Je n' peux pas tout's les contenter...

Et qu'un r'fus (*bis*) sorte de ma bouche,
    Ell' parl' d'un' fauss' couche.
J'ai, etc.

Si j'ai quequ' chos' sur mon assiette,
Crac, ell' m' l'enlèv' d'un coup d' fourchette;
Que je m' verse un verre d' bon vin,
Madame l'avale soudain...
Et comment (*bis*), avec cette ogresse,
    Voulez-vous qu' j'engraisse?
J'ai, etc.

Un jour, ell' m' dit : je veux un' fille;
Si j' n'en ai pas une, j' t'étrille!
Une autr' fois ell' m' dit sans façon :
J' t'étrangl' si j' n'ai pas un garçon!
— Mais crois-tu (*bis*), là, je te l' demande,
    Que d' moi ça dépende?
J'ai, etc.

D' temps en temps ell' me dit : je m'ennuie;
Mon cher ami, j'ai bien envie
De vous donner un bon soufflet;
Approchez vite, s'il vous plaît...
Et sur l' champ (*bis*), sans faire la moue,
    Faut que j' tend' la joue.
J'ai, etc.

Mais la chos' la plus singulière,
Messieurs, c'est que, la nuit dernière,
Ma femme, je ne sais pourquoi,
Eut envi' d' coucher avec moi.
C'est ben là (*bis*), je le dis sans gausse,
  Une envi' d' femm' grosse.
J'ai, etc.

Lorsque j'eus éteint la lumière,
J' lui dis : est-c' que tu dors, ma chère ?
Je voudrais te dire deux mots...
Pour tout' réponse, ell' m' tourn' le dos.
C'est sûr'ment (*bis*), qu' je dis sans malice,
  Quequ' nouveau caprice.
J'ai, etc.

« Monstre ! va t' cacher dans la rue ;
» Car j'aurais trop peur, à ta vue,
» Que mon esprit ne se frappât,
» Et qu' mon enfant ne te r'semblât ! »
V'là pourtant (*bis*), dès qu' madam' s'éveille,
  C' qu'ell' m' corne à l'oreille.
J'ai, etc.

Eh ben ! malgré tout ce martyre,
J' n'aurais encor trop rien à dire,

En ma qualité de mari,
Si c'était tant seul'ment moi qui...
Mais hélas! (*bis*) je l' tiens d' ma portière,
    C'est pas moi qu'est l' père!..
J'ai, etc.

V'là les gentillesses d' ces dames :
Pour éviter avec vos femmes
De pareilles tribulations,
Prenez tous ben des précautions...
Pour êtr' pèr'(*bis*), c' qu'est ben doux, sans doute,
    Voyez c' qu'il en coûte!
J'ai tous les jours les sens aigris,
Mes cheveux en deviennent gris ;
D'puis qu' ma femme est grosse, j' maigris!

M. F. DE COURCY.

L'ARGENT.

Air *du vaudeville de la Marchande de Goujons.*

C'est l'argent, l'argent, l'argent,
 Qui mène
 L'engeance humaine :
Des humains le grand agent,
 C'est ce diable d'argent.

C'est le père de l'abondance,
Un roi, captivant tous les cœurs,
Un talisman, dont l'influence
Ouvre le chemin des honneurs :
 L'ami toujours sincère,
 Le plus chaud protecteur,
 L'idole la plus chère,
 L'image du bonheur,
 C'est l'argent, etc.

De la vertu, de l'innocence,
C'est le plus rusé séducteur ;
Et souvent contre la puissance,
C'est un agent provocateur ;

Le principe du crime,
Immolant sans pitié
La bonne foi, l'estime,
L'amour et l'amitié,
C'est l'argent, etc.

Qui fait faire mille courbettes?
Applaudir les œuvres d'un sot?
Qui fait prendre à tant de fillettes,
Pour époux le plus laid magot?
Qui rend souple et traitable,
Maint et maint courtisan,
Et fait trouver aimable
La face d'un tyran?
C'est l'argent, etc.

L'argent fait absoudre au saint père,
Les méfaits de l'esprit malin,
Il rend un juge moins sévère;
C'est la savonette à vilain.
L'argent nous rend propices
Et le Russe et l'Anglais;
L'argent donne des Suisses
Pour garder les Français.
C'est l'argent, etc.

Depuis que le monde est au monde,
L'argent fait tout, le bien, le mal.
Et de cette machine ronde,
Il est le moteur général.
 Le marchand ou l'artiste,
 Le manant ou le roi,
 Turc, chrétien, calviniste,
 Chacun dit à part soi :
C'est l'argent, etc.

Gai chansonnier, gentil trouvère,
Servant des amours, de Bacchus,
Pour dérider le front sévère
Du maussade dieu des écus,
 Suis la mode commune :
 Chante les éteignoirs,
 Encense la fortune,
 Flatte tous les pouvoirs !
C'est l'argent, l'argent, l'argent
 Qui mène
 L'engeance humaine.
Des humains le grand agent,
C'est ce diable d'argent.

M. Lélu.

JE SUIS MÉCHANT COMME UN DÉMON:

JE SUIS DOUX COMME UN ANGE.

AIR : *Mon père était pot :*
ou *Amis dépouillons nos pommiers.*

Je suis méchant comme un démon,
　　Si l'on me contrarie,
Si l'on dit oui quand j'ai dit non,
　　Et si l'on m'injurie ;
　　　Mais lorsque l'on fait
　　　Tout à mon souhait,
　　Que rien ne me dérange,
　　　Qu'on fait des efforts
　　　Pour me plaire..... alors
　　Je suis doux comme un ange.

Je suis méchant comme un démon,
　　Quand je vois sur ma table
De l'eau de la Seine à foison,
　　Un repas détestable ;

Mais chez des amis
De bon cœur admis,
Quand je bois, quand je mange
Des vins excellens,
Des mets succulens,
Je suis doux comme un ange.

Je suis méchant comme un démon,
Quand la grappe est coulée,
Et quand je vois chaque bourgeon
Noirci par la gelée ;
Mais quand au gourmet
La vigne promet
Une belle vendange,
De son grain doré
D'avance énivré,
Je suis doux comme un ange.

Je suis méchant comme un démon,
Quand, avec suffisance,
Un fat, prôné dans maint salon,
Roucoule une romance ;
Mais quand de Momus,
Mais quand de Bachus
Vous chantez la louange,

A vos gais accords
Mêlant mes transports,
Je suis doux comme un ange.

Je suis méchant comme un démon,
Quand une vieille femme
Contre son mari céladon
Vient me chanter sa gamme ;
Mais quand la beauté
Vient de mon côté,
Et veut que je la venge
De son vieil époux
Quinteux et jaloux,
Je suis doux comme un ange.

« Je suis méchant comme un démo n , »
Vous dit ce diable à quatre,
Pour un mot demandant raison,
Toujours prêt à combattre.
Sans s'épouvanter,
Pour lui riposter
Froidement qu'on s'arrange,
Sa valeur tiédit
Il s'apaise et dit :
« Je suis doux comme un ange. »

« Je suis méchant comme un démon, »
　　Dit l'époux en colère,
En apprenant la trahison
　　De sa femme adultère;
　　　Qu'aussitôt l'amant
　　　Offre prudemment
　　Une lettre de change,
　　　L'époux complaisant
　　　Dit, en s'apaisant :
　« Je suis doux comme un ange! »

« Je suis méchant comme un démon , »
　　Dit le fier journaliste,
Menaçant de son feuilleton
　　L'homme d'état, l'artiste
　　　Menaces, présens,
　　　Amoureux sermens
　　L'assiégent..... comme il change!
　　　Il dit, effrayé,
　　　Séduit et payé :
　« Je suis doux comme un ange. »

Je suis méchant comme un démon,
　　Quand un censeur caustique,
Dès que j'ai chanté ma chanson,
　　S'en moque et la critique;

Mais quand l'auditeur
D'un *bravo* flatteur
Avec moi fait l'échange,
Et quand il me dit
Que j'ai de l'esprit,
Je suis doux comme un ange !

M. Armand Overnay.

UNE DISTRACTION DE JEANNETTE,

OU

LES PANTOUFLES DE M. LE CURÉ.

Air : *L'autre jour la p'tite Isabelle.*

Drès que c't'ultrà d'aquilon soufle,
L'Agar de not' cher desservant,
D'mêm' qu'i' r'prend la chaude pantoufle,
Met l'chausson fourré z'en avant.
C'est l'mêm' pied, faut pas qu'on en glose ;
Mais pour la couleur j' vous dirai
Qu'c'est autre chose,

Car l'une est rose,
L'aut' vert-pré.
Or donc, v'la c'que j'ai su d'Toinette :

Hier matin, mam'zell' Jannette arrive à c'te halle, afin d'chiper lé fins morceaux pour son Abraham. V'là-t-i' pas qu'Toinette s'aperçoit qu'elle n'avait pas sa chaussure ordinaire ; pendant c'temps-là mam'zell' Jeannette, qui n' se doutait de rien, marchandait des salsifis, et Jacqueline l'i disait : J'veux ben vous l'donné z'à c'prix-là ; mais faut ben qu'vous fassiez aussi

Qu'euqu' chose à mon gré...
Pourquoi qu'vous avez, bell' Jannette,
Lé pantouf' de mossieu l'curé ?

Su' c'coup-là Jeannette, interdite,
A ses pieds voit d'quoi qu'i' s'agit.
En lorgnant la chaussur' maudite,
Malgré zelle on voit qu'all' rougit.
Pour la r'fair', Perette Lorange
Lui dit, d'un p'tit air enfantin :
J'sais, mon bel ange,
Qu'on vous dérange
D'grand matin.
Justement, reprend Fanchonnette...

Non, je me trompe. C'était la grande Zézette Léflanqué qui s'met à dire : Est-ce qui n'faut pas que c'te jeunesse

s'lève d'bonne heure pour fair'..... la prière avec mossieu'
l'curé, préparer son bouillon, son chocolat, l'i faire chauf-
fer sa chemise..... Ta, ta, ta, ta, ta, ta! Parbleu! j'sis
d'ton avis; mais quoi qu'çà, c'que j'ai dit

>Je le r'dirai :
>
>>Pourquoi qu'vous avez, bell' Jeannette,
>>Lé pantouf' de mossieu' l' curé?

Et puisque nous v'la su' l' saint homme,
Pour rassurer not' affection,
Sans barguigner dites-nous comme
D'puis deux jours s'porte sa fluxion?
A c'mot Jeannett', pus à son aise,
L'i répond : voyez ma douleur!
>— Bon, dit Thérèse,
>
>>J'aim' de c'te thèse
>>>La couleur.

V'la qui rend vot' affaire pus nette.
Dites-donc, langues de vipère, vrais goujons de Satan,
quoi qu'vous avez t'à répondre à çà! Mossieu l'curé z'a la
coqu'luche; i' tousse, i' l'i prend z'eune quinte majeure;
faut-i' pas que c'te pauv' Jeannette aille *pieds nus*, l'i t'nir
la tête, l'i fasse prendre un calmant?..... et puis d'ailleurs,
il est sujet aux crampes, c'brave homme. — Tout çà est
bel et bon, répliqu' c't'entêtée d'Jacqueline. Mais c'que
j'ai dit

>Je le r'dirai :
>
>>Pourquoi qu'vous avez, bell' Jeannette,
>>Lé pantouf' de mossieu l' curé?

J'sai' qu' mamzell' est zeun' fill' ben sage;
J'sai qu'son mait' d'honneur est vêtu.
Ma mer', qui fait leu' blanchissage,
Quenqu'fois donn' au diabl' sa vertu.
Si mossieu fait très-ben l'office,
J'sais' t'aussi qu'auprès de mossieu,
  Quoique novice,
  All' fait l' service
   Comme un Dieu!
Bref, c'est franc comme d'la reinette...

C'est propre, c'est rangé.... Ah dame, i' faut voir! allez mam'zell' Jeannette, j'n'attaquerons jamais vot' honneur ; mais à chaque fois qu'vous aurez l'malheur d'vous tromper comme à c'matin,

  J' vous l' répétrai :
Pourquoi qu' vous ayez, bell' Jeannette,
Lé pantouf' de mossieu l' curé ?

M. Félix.

LE DÉPART.

Romance imitée de Métastase.

Air : *Sul' margine rivi.*

Tu vas partir, ô mon Adèle,
Tu vas partir... et pour long-temps!
De cette absence trop cruelle,
Comment supporter les tourmens?
Dans la douleur la plus amère
Je serai plongé loin de toi;
Et toi, qui sait hélas! ma chère,
Si tu te souviendras de moi.

Avec quelle sombre tristesse,
Je verrai désormais ces lieux,
Que ta présence enchanteresse
N'embellira plus à mes yeux!
J'y passerai ma vie entière
A gémir en pensant à toi:
Et toi, qui sait hélas! ma chère,
Si tu te souviendras de moi.

1822.

Tout, jusques au souvenir même,
Y redoublera mes regrets.
Ici, dirai-je, à ce que j'aime,
J'osai dire que je l'aimais.
Là, plus heureux, plus téméraire,
J'obtins un doux baiser... et toi,
Qui sait hélas ! qui sait, ma chère,
Si tu te souviendras de moi.

Bientôt ta nouvelle demeure
Se remplira de mille amans
Qui t'assiégeront à toute heure,
Et d'hommage et de sermens.
Quand soupirs, pleurs, tendre prière,
Pour eux plaideront près de toi ;
Ah ! Dieu, qui sait alors, ma chère
Si tu te souviendras de moi.

Pense, Adèle, ô ma douce amie,
Que t'aimer est ma seule loi.
Pense, que pour m'ôter la vie
Tu n'as qu'à reprendre ta foi.
Pense que ton amant espère
Un jour se rapprocher de toi...
Pense... Mais Dieu ! qui sait, ma chère,
Si tu te souviendras de moi.

M. L. A. T. D'ARTOIS DE BOURNONVILLE.

LES CHOUX.

Air : *Du Vaudeville du Rémouleur et la Meunière.*

Ambitieux, aux jeunes filles
Plantez le joli mai d'amour,
Plantez des cornes aux vieux drilles,
Plantez le piquet à la cour.
Épris d'une vie indolente,
Chez moi je trouve un sort plus doux,
Et je chante : « Arrive qui plante !
» Il vaut bien mieux planter des choux. »

Sur sa naissance Pétronille
Interrogeait sa grand'maman :
« C'est sous un chou, ma chère fille,
» Qu'on t'a trouvée encore enfant. »
Un poupon survient à la belle,
La maman veut savoir par où :
« Eh ! vous le savez bien, dit-elle,
Cela se trouve sous un chou. »

Un jeune lapin de garenne
S'élance un jour dans un jardin,

Dévore des choux par douzaine;
Mais crac, on occit mon lapin.
Au lieu de vous mettre en campagne,
Jeunes galans, restez chez vous;
Car vous voyez ce que l'on gagne
A courir à travers les choux.

Ce roi, l'idole de la France,
Qui gémissait du moindre impôt,
Voulait, dans sa munificence
Que chacun eût la poule au pot ;
Mais on a vu ce prince affable,
Modeste et simple dans ses goûts,
Chez un meunier se mettre à table
Pour manger une soupe aux choux.

C'est mon chou, disait une femme
Qui prit un vieux bouc pour mari;
Je suis l'amant de cette dame,
Et le vieux bouc est mon ami.
A tous deux je crains de déplaire,
Car de moi chacun d'eux est fou,
Et je ne puis, dans cette affaire,
Ménager la chèvre et le chou.

Pannard, dont l'âme était alègre,
Savait égayer un repas,

Et de sa chanson la plus maigre
Chacun ferait bien ses choux gras ;
Pour moi, si mes couplets trop graves,
N'ont pas le don de plaire à tous,
On en fera des choux, des raves,
Ou bien des raves et des choux.

M. Francis.

NAG' TOUJOURS ET N' T'Y FI' PAS.

Réflexions philosophiques de Jérôme, passeux de la Grenouillère, qui prouvent, comme deux et deux font trois, qu'il ne faut se fier à personne dans la vie de ce monde.

Air : *Eh ! ma mère est c' que j'sais ça.*

Jeun' passeux d'la Geurnouillière,
Jadis j'avions un bateau ;
A quinze ans p'tit téméraire
J'allions, je r'venions su l'eau.
Mais dans cette ond' que j'méprise
J'ons failli trouver l'trépas ;
Et d'puis j'ons pris pour devise :
Nag' toujours et n' t'y fi' pas.

Sur la terre, où c'que j'voyage
Pour aller, je ne sais où,
Plus d'une fois cet adage
M'a servi de garde-fou.
Quand par hasard la Folie
Prétend conduire mes pas,
Bientôt la prudenc' me crie :
Nag' toujours et n' t'y fi' pas.

On m'dit d'aimer mes semblables
Mais les gens qui n'le sont pas
M'paraissent ben plus aimables,
Et Fanchon me tend les bras.
J'allions au gré d'mes caprices...
Quand un' voix me dit tout bas
Dans ce torrent de délices :
Nag' toujours et n' t'y fi' pas.

On a besoin l's uns des autres
Dans ce terrestre séjour ;
Mes services et les vôtres
Doiv' nous aider tour à tour.
Sur un ami quand j'me fie
Pourquoi faut-il donc hélas
Qu'la prudence encor me crie :
Nag' toujours et n' t'y fi' pas.

Viv' seul le jus de la treille !
Que peut-on craindre du vin ?
En main quand j'ai zune bouteille,
Le Roi n'est pas mon cousin.
Sans mourir j'pardons la tête ;
Sans tomber j'fons des faux-pas,
Et sans y croire, j'répète
Nag' toujours et n' t'y fi' pas.

Nos dangers n'auront point de terme,
Et dur'ront autant que nos jours,
Puisque c'est ainsi, j'menferme
Au cabaret pour toujours.
Toi qui plein de ta manie,
Cherch' le monde et son fracas,
Dans le fleuve de la vie
Nag' toujours et n' t'y fi' pas.

M. FULGENCE.

L'ENFER.

CHANSON DIABOLIQUE.

Beati pauperes spiritu, etc.

Air : *Vive le vin de Ramponneau.*

Vive l'enfer où nous irons !
  Venez, filles
   Gentilles,
  Nous chanterons,
  Boirons, rirons,
 Et, toujours lurons,
  Nous serons
   Ronds !

  Là, les Manons,
  Les Ninons,
Dont nous nous abstenons,
Recevront nos poursuites.

Sans nous cacher,
Sans tricher,
Nous pourrons tous pécher,
En nous moquant des suites.
Vive l'Enfer, etc.

Là, les auteurs,
Les acteurs,
Les chanteurs, amateurs
Et piliers de coulisses,
De feux nouveaux,
Tous rivaux,
Vont, doublant leurs travaux,
Griller pour nos actrices.
Vive l'Enfer, etc.

Moins qu'à Paris,
Les maris,
D'être joués marris,
En Enfer seront mornes;
Comment, tout nus,
Les cocus
Seraient-ils reconnus?
Les diables ont des cornes.
Vive l'Enfer, etc.

Par des ballets,
Des couplets,
Nous enchanterons les
Phalanges infernales.
Procession,
Station
Nous plairaient dans Sion
Moins que nos bacchanales.
Vive l'Enfer, etc.

Tout l'Opéra
Y sera,
Chantera, dansera,
Chacun joûra son rôle.
Avec Adam
Et Satan,
Paul et le grand sultan
Feront la cabriole.
Vive l'Enfer, etc.

Pellégrini,
Spontini,
Ronzi, Catalani,
Chantant la même gamme,
Au brûlant nid,

Noms en i,
Pour votre art infini
Nous serons tous de flamme.
Vive l'Enfer, etc.

Vos divins airs,
Vos concerts,
Rempliront les Enfers
De douces harmonies;
Tandis qu'au ciel
Gabriel
Fait bâiller l'Éternel
Avec ses litanies.
Vive l'Enfer, etc.

Les saints, là-haut,
Sans réchaud,
Ne mangent jamais chaud;
Voyez leurs tristes mines.
Plus fortunés,
Les damnés
Mettront pour leurs dîners
Tout l'Enfer en cuisines.
Vive l'Enfer, etc.

Jamais aigris
Ni maigris,

Nous boirons, toujours gris,
A la santé des braves.
 Laissant prier,
  S'ennuyer
Les saints dans leur grenier,
Nous rirons dans nos caves.
Vive l'Enfer, etc.

 Sans médecins,
  Toujours sains,
Narguant des assassins
Les noires ribambelles ;
 Plein de santé,
  De gaîté,
A notre éternité
Nous trouverons des ailes.
Vive l'Enfer où nous irons !
 Venez, filles
  Gentilles ;
Nous chanterons,
Boirons, rirons,
Et, toujours lurons,
 Nous serons
  Ronds !

M. Eugène de Pradel.

LA SÉPARATION.

ROMANCE.

Musique nouvelle de M. Martinn*.

Air: *Colas, Colas, sois-moi fidèle.* De M. L. Jadin.

Las! j'ai vu luire cette aurore
Qui m'exila de ce séjour.
En y laissant ce que j'adore,
Que n'y laissai-je mon amour!

Chaque jour d'un nouveau délire
Là, tu venais m'électriser;
J'obtenais ton premier sourire,
Je cueillais ton premier baiser.
Doux souvenir qui me déchire,
Fuis, ton charme accroît mon martyre...
Nul espoir ne doit l'apaiser.

---

* Chez Martinn, marchand de musique, rue de l'École-de-Médecine.

Las! j'ai vu luire cette aurore
Qui m'exila de ce séjour.
En y laissant ce que j'adore,
Que n'y laissai-je mon amour!

Là, sous un tutélaire ombrage
Égarant nos pas incertains,
Mainte fois cet épais feuillage
Protégea mes tendres larcins.
Loin de toi, seul dans la nature,
Son réveil, sa riche parure,
Aux regrets livrent mes destins.
Las! j'ai vu luire cette aurore
Qui m'exila de ce séjour.
En y laissant ce que j'adore,
Que n'y laissai-je mon amour!

Naguère à l'heure accoutumée,
Conviés au même festin,
Dérobant ta coupe embaumée,
J'y puisais un nectar divin.
Je te perds... l'ennui me consume,
Et la coupe de l'amertume
Verse ses poisons dans mon sein.
Las! j'ai vu luire cette aurore
Qui m'exila de ce séjour.

En y laissant ce que j'adore,
Que n'y laissai-je mon amour!

Du bonheur lente avant-courrière,
Vers toi Phébé guidait mes pas;
Sa voluptueuse lumière
Doublait nos feux et tes appas.
Jouet d'un séduisant mensonge,
Tu ne m'apparais plus qu'en songe.
L'aube à mes vœux ne te rend pas.
　Las! j'ai vu luire cette aurore
Qui m'exila de ce séjour.
En y laissant ce que j'adore,
Que n'y laissai-je mon amour!

La plus heureuse sympathie
Là cimentait notre lien:
Par toi je chérissais la vie,
Et j'étais ton unique bien.
En vain je te cherche et t'appelle;
Mon cœur et brûlant et fidèle
Ne battra plus contre le tien.
　Las! j'ai vu luire cette aurore
Qui m'exila de ce séjour.
En y laissant ce que j'adore,
Que n'y laissai-je mon amour!
M. P. J. Charrin.

L'HISTOIRE

D'UN VIEILLARD DE 25 ANS.

Air nouveau des *bons Amis de Paris*.

Dans une forme ronde,
Neuf mois en abrégé
Je logeai,
Puis enfin dans ce monde
Comme un roi je pris rang,
En pleurant :
On m'emmaillotta,
On me dorlota,
Puis on me fouetta...
Voilà comment
Un garnement
Grandit gaîment :
C'est charmant!

Que je fis au collège,
Pour mes faits polissons,
De pensums!
Mon esprit sacrilége

Déroutait ces *gâcheux*
Si fâcheux :
Chacun s'en donnait,
On nous sermonnait,
Puis on nous couronnait.
Voilà comment
Le rudiment
S'apprend gaîment :
C'est charmant !

Encore en rhétorique,
Ma précoce raison,
De Suzon,
Pour la mettre en pratique,
Choisit en tapinois
Le minois :
L'Amour supplia,
La belle plia,
S'oublia, m'oublia.
Voilà comment
Le sentiment
S'éteint gaîment :
C'est charmant !

La patrie alarmée
Me fit prendre un mousquet,

Un briquet,
Et l'on sait qu'à l'armée
Les conscrits, les badauds
Ont bon dos.
Comme on me railla!
Comme on ferrailla!
Comme on nous mitrailla!
Voilà comment
Un régiment
Vieillit gaîment :
C'est charmant!

En brave je pris femme,
Pour charmer mes ennuis
Et mes nuits :
La taille de la dame
Fréquemment s'arrondit,
Se fondit.
Ma bourse dansa,
Ma caisse baissa,
Tout ça me tracassa...
Voilà comment
Le sacrement
Mûrit gaîment :
C'est charmant!

Enfin dans cette vie
J'essayai vingt sentiers,
Vingt métiers,
Laissant à la folie
De mon char incertain.
Le destin,
Souvent traversé,
Quelquefois versé,
Par mes chansons bercé!..
Voilà comment
Un garnement
Vieillit gaîment:
C'est charmant!

M. Jacinte Leclerc.

JE NE SAIS PLUS OU J'EN SUIS.

Air : *Eh! ma mère, est-ce que je sais ça ?*

Je reçois mainte commande
De chansons ou de couplets;
Chaque jour on m'en demande,
Que complaisamment je fais.
C'est pour un père, une mère,
Une épouse, des amis,
Une tante, un oncle, un frère...
Je ne sais plus où j'en suis.

Quand j'étais célibataire
Je m'amusais nuit et jour;
L'amour et la bonne chère
Me subjugaient tour à tour.
J'aimais beaucoup cet usage
Dont je recueillais les fruits;
Mais je suis dans mon ménage,
Et ne sais plus où j'en suis.

Qu'on dise la gaudriole,
Qu'on entonne la chanson,
Dans ce cas j'ai la parole,
Et je suis à l'unisson.
Mais sur un ton satirique,
Jugeant les lois du pays,
Qu'on parle de politique,
Je ne sais plus où j'en suis.

Attaquez-vous une belle
Par de tendres sentimens?
Elle fera la rebelle
Et résistera long-temps.
Causez en elle un délire
Qui captive ses esprits
Et la force de vous dire:
Je ne sais plus où j'en suis.

Je tiens ma place avec gloire
A la table où l'on m'admet,
Et quand on me verse à boire,
Amis, je suis toujours prêt.
Au vin je dois mes prouesses ;
Mais, me trouvant un peu gris,
Quand j'en bois de tant d'espèces,
Je ne sais plus où j'en suis.

M. COUPART.

CE QUI NE ME SURPREND GUÈRE ET CE QUI M'ÉTONNE.

VAUDEVILLE

Pour faire suite à celui de mon confrère BRAZIER.

AIR : *Amis, dépouillons nos pommiers.*

Dans un vaudeville gaillard
  Plus d'un joyeux confrère
Marche à la suite de Panard ;
  Ça ne me surprend guère.
    Que, rimeur honteux,
    Je vienne après eux,

Dans ces vers que j'entonne,
Brochant mes couplets,
Glaner quelques traits,
Voilà ce qui m'étonne.

Lorsque le champagne fumant
Pétille dans mon verre,
Je tourne un couplet aisément,
Ça ne me surprend guère.
Pourtant, on le dit,
Plus d'un bel esprit,
Grâce au fils de Latone,
En buvant de l'eau
Chantait au caveau :
Voilà ce qui m'étonne.

Que de Crac, ayant le gousset
Vide de numéraire,
Veuille me souscrire un billet,
Ça ne me surprend guère ;
Mais, sans hésiter,
Que, pour s'acquitter,
Un fils de la Garonne
Me solde mon prêt
Avant le protêt,
Voilà ce qui m'étonne.

Que pour effacer un soufflet,
　　Monsieur la Jobardière
Me propose le pistolet,
　　Ça ne me surprend guère;
　　Mais, sur le terrein,
　　Que cet aigre-fin
　　Dise : « Je vous pardonne;
　　» Pour en terminer,
　　» Allons déjeûner : »
Voilà ce qui m'étonne.

Que Minet, ce petit rimeur,
　　Ait chanté Robespière,
Puis qu'il ait chanté l'empereur,
　　Ça ne me surprend guère.
　　Mais que, saisissant
　　Chaque événement,
　　Il retourne, et nous donne
　　Ses vieilles chansons
　　Qu'il vend aux Bourbons:
Voilà ce qui m'étonne.

Que monsieur l'abbé Collinet,
　　Qui brûla son breviaire,
Ait quitté soutane et collet,
　　Ça ne me surprend guère.

Mais, dans son journal,
En théologal,
Que chaque jour il prône
La foi des pasteurs,
Le culte et les mœurs :
Voilà ce qui m'étonne.

Qu'un mari rencontre un amant
Près de sa ménagère,
Et qu'il se taise prudemment,
Ça ne me surprend guère.
Mais, sans avoir vu,
Que Pierre ait voulu
Mettre sur sa couronne
Ce qu'un cerf dix cors
Porte pour décors :
Voilà ce qui m'étonne.

Chansonnant les hommes d'état,
Frondant le ministère,
Dans tous les temps *Gallus cantat*;
Ça ne me surprend guère.
Le bon Mazarin
Souffrait un refrain
En honnête personne;
Pourtant le préfet

Défend le couplet:
Voilà ce qui m'étonne.

Qu'un Normand soit double et futé,
  Qu'un Picard soit sincère,
Qu'un Bas-breton soit entêté;
  Ça ne me surprend guère.
    Mais que dans Paris
    On soit toujours pris
    Aux bourdes qu'on y donne;
    Qu'on y soit nigaud,
    Niais et badaud :
  Voilà ce qui m'étonne.

M. le chevalier Coupé de Saint-Donat.

JE NE VEUX PLUS ÊTRE AMOUREUX.

Air : *de l'ermite de St.-Avelle.*

Que des échappés du collége,
Innocemment, à tout hasard,
Laissent prendre leur cœur au piége
Et d'un sourire et d'un regard;

6

A vingt ans, c'est assez l'usage,
J'ai passé par-là tout comme eux....
Mais je suis majeur! à mon âge,
On ne doit plus être amoureux.

Des maîtresses, jamais d'amantes,
Pour un jeune homme c'est charmant.
Oui les aventures galantes
Vont remplacer le sentiment.
Amour, que de pleurs tu nous coûtes !
Tu m'as rendu trop malheureux !.....
Femmes, je vais vous aimer toutes,
Pour ne jamais être amoureux.

Pourtant, sur l'amour platonique
Si je n'étais un peu blasé,
Une intrigue bien romantique
S'offre à mon cœur désabusé.
Je viens de voir la jeune Claire,
Au doux parler, aux jolis yeux...
Mais la petite a beau me plaire,
Je ne veux pas être amoureux.

Quand sur vous son regard s'arrête,
On éprouve un tendre abandon;
Pour ne pas en perdre la tête,
C'est qu'il faut toute ma raison!

Claire est si bonne et si jolie !
Son sourire est si dangereux !
Je l'adore !.... mais non, j'oublie
Que je ne suis plus amoureux.

A chaque instant je la regarde.....
Par simple curiosité.
J'y pense toujours.... par mégarde,
Et rien de plus, en vérité.
Mais d'où vient donc que je soupire;
Que je brûle de mille feux ?......
Allons, j'ai beau faire et beau dire,
Je crois que je suis amoureux.

Aimons donc, c'est une folie
Que malgré soi l'on fait toujours ;
Donnons le printemps de la vie
Au charme enivrant des amours.
Et même à l'âge où d'ordinaire,
Égoïste, froid, soucieux,
On n'aime plus que soi sur terre,
Je veux encore être amoureux !

M. Frédéric de Courcy.

LE TROU DE LA BOUTEILLE.

AIR : *Contentons-nous d'une seule bouteille.*

Beau petit trou, mes plus chères délices,
A te fêter, je consacre mes jours;
Si de mon cœur tu n'as pas les prémices,
Serais-tu moins pour cela mes amours !
Tu me verras et constant, et fidèle;
Est-il, sans toi, d'agréables loisirs?
Va, je te jure une ardeur éternelle;
Crois qu'à jamais tu feras mes plaisirs.

Sur toi souvent je porte un regard tendre,
Et du désir on entend les accens;
Mais, sous ma main, j'aime à te voir répandre
Cette liqueur qui réjouit mes sens.
Si quelquefois, au fort de ma tendresse,
Par chaque vœu je te donne un baiser;
Bientôt je tombe, et nage dans l'ivresse,
Mon feu s'irrite, au lieu de s'apaiser.

Cher petit trou, ta charmante ouverture,
N'a pas besoin d'ornement étranger;

A tous les yeux, plaît la belle nature;
Qui te connaît, ne peut te négliger.
Dans tous les temps, du héros et du sage,
Tu fis l'espoir et la félicité,
Et le vieillard déjà glacé par l'âge
Retrouve encor, par toi, la volupté.

A ton aspect, en reprenant sa lyre,
Que servirait d'invoquer les neuf sœurs ?
Ce qu'on éprouve est un heureux délire,
Et les beaux vers sont dus à tes faveurs.
De ce mortel plongé dans l'indigence
Et fatigué de pénibles travaux,
Tu viens aussi soulager la souffrance,
En lui versant l'oubli de tous ses maux.

Pour être heureux, des deux mains il faut boire:
C'est là vraiment jouir comme les dieux.
Le bon Horace a célébré la gloire,
Il chanta bien, mais il but encor mieux.
Anacréon, à l'ombre d'une treille,
Chanta le vin, les jeux et les amours ;
J'aime le trou de ma chère bouteille,
En le chantant je veux finir mes jours.

M. A. J. P. Briand.

UNE PROMENADE A St.-CLOUD.

AIR : *Faut d'la vertu, pas trop n'en faut.*

A Saint-Cloud que d'plaisir on a ! ⎱ *bis.*
Vraiment on n' s'amus' pas comm'ça ! ⎰
J'y fus drès le premier dimanche :
J'avais mis mon plus beau chapeau,
Mon habit neuf, un' chemis' blanche...
Mais, par malheur, il tombait d'l'eau.
A Saint-Cloud, etc.

Afin d' ménager ma toilette,
A quinz'sous j' n'ai jamais r'gardé ;
C'est pourquoi j'ons pris un' charrette...
Où j'fus s'coué comme un possédé.
A Saint-Cloud, etc.

On avait mis sur c'te voiture,
Dans l'intention d' nous garantir,
Un' belle et bonne couverture...
Par où l'eau filtrait à ravir.
A Saint-Cloud, etc.

D' tout malheur jusqu'à la barrière
Not' phaéton fut préservé.
Mais paf! il rencontre une ornière,
Et nous versons sur le pavé.
A Saint-Cloud, etc.

L'un se plaignait d'un' meurtrissure;
L'autr' s'écriait : « J' suis estropié ! »
J'en fus quitt' pour une écorchure,
Et pour finir la route à pié.
A Saint-Cloud, etc.

Enfin l' beau temps fait fuir la pluie.
Queu temps ! j'n'en vis jamais d' pareil !
Alors je m' découvre et j' m'essuie...
Jarni ! j'attrape un coup d' soleil.
A Saint-Cloud, etc.

J'vas chez l' traiteur qu'est sur la place ;
Des bons vivans c'est l'rendez-vous.
Mais comme il n' restait pas un' place,
Il m' fallut manger sur mes g'noux.
A Saint-Cloud, etc.

Tout seul dans un p'tit coin j'me r'tranche,
Et j'prouve qu' je n' suis pas manchot.

L' ragoût était froid, mais, en r'vanche,
Ah ! comme le vin était chaud !
A Saint-Cloud, etc.

Mais j'ny tiens plus, il faut que j' parte,
Et j' suis, j' l'avoue, un peu surpris,
Quand on vient m'apporter la carte,
D' payer trois fois plus qu'à Paris.
A Saint-Cloud, etc.

Dans un café j'fais mon entrée...
« Garçon ! du moka s'il vous plaît ! »
— Il m'apporte d' la chicorée...
« D' la crème ? » Il m' verse du p'tit lait.
A Saint-Cloud, etc.

J'veux des bonbons (j' les idolâtre),
J'appelle un marchand... L' malôtru
Me fait payer ben cher du plâtre.
J' crois qu'pour un rien j' l'aurais battu.
A Saint-Cloud, etc.

Entrez, messieurs, crie un' bass' taille...
J'entre avec un' foule d'badauds.
J' vois des puc's rangés en bataille...
En sortant j'en avais plein l' dos.
A Saint-Cloud, etc.

J'vois la disput' la mieux fournie,
A crier chacun s'essoufflait.
J' vas pour rétablir l'harmonie,
J'arrive, et je r'çois un soufflet.
A Saint-Cloud, etc.

Afin d' voir les eaux j' persévère
Mais j' n'ai rien vu... c'est-i cruel !
Car l'eau qui s'élançait d'la terre
S' mêlait à cell' qui v'nait du ciel.
A Saint-Cloud, etc.

Enfin, pour dernière anicroche,
J' n'ai plus trouvé (le croira-t-on?)
Un' pièce d' deux sous dans ma poche,
Pour faire emplett' d'un mirliton. (1)
A Saint-Cloud, etc.

J' revins à pied, coûte qui coûte,
Ben ennuyé, ben fatigué ;
Et malgré ça, tout l' long d' la route,
J' chantais comm' si j'étais ben gai:
« A Saint-Cloud que d' plaisir on a !
» Vraiment on n' s'amus' pas comm' ça ! »

M. Armand OVERNAY.

---

* Instrument si essentiel à Saint-Cloud !

LE BON VIVANT.

Air : *De Marianne.*

Vive, vive une bonne table
Où se trouvent de vrais amis,
Dont la gaîté, toujours aimable
Séduit, enchante nos esprits ;
  Mets succulens,
  Vins excellens,
Bons mots piquans, vives historiettes,
  Puis à la fin
  Joli refrain
Qui vient gaiment terminer le festin.
 Chantons le vin et les fillettes,
 Et sans songer au lendemain,
 Chaque jour narguant le chagrin
  Mettons-nous en goguettes,

 Veut-on bien employer sa vie
 Il faut boire et faire l'amour.
 Je fais au gré de mon envie,
 L'un la nuit et l'autre le jour.

Sensible amant,
Bien tendrement
A mainte aimable beauté que j'adore,
Je fais serment
D'être constant :
Hélas ! autant en emporte le vent.
L'art de soupirer, je l'ignore,
Me traite-t-on sévèrement,
Dans ma douleur.... je vais gaîment
Boire et chanter encore.

Rions de tout dans ce bas-monde :
S'affliger, c'est doubler ses maux;
Courons de la brune à la blonde,
Allons du champagne au bordeaux.
Point de soucis
Mes bons amis,
A bien boire ne perdons pas courage,
Les jeux, les ris,
Dans tout pays
Seront toujours chez Bacchus réunis.
Que chacun soit plus fou que sage;
Moquons-nous de tout ce qu'on dit;
Si de nous notre voisin rit,
Rions-en davantage.

On dit qu'à la fin de l'année
L'on se trouve quitte de tout.
Si telle est notre destinée
Il faut bien aller jusqu'au bout.
  Le verre en main
  Plein d'un bon vin,
Dès le matin rougissons notre mine;
  Ce jus divin
  Est souverain,
C'est le nectar de tout le genre humain.
 Pour finir ma chanson badine;
 Car à tout il faut une fin,
 Prenons Bacchus pour médecin,
  Le vin pour médecine.

M. J.-B. Pelletier.

LE MOMUSIEN PHILOSOPHE.

CHANSON.

Air : *Vaudeville des Scythes et des Amazones.*

Je vois tout en couleur de rose,
Du temps passé je perds le souvenir ;
De l'avenir jamais je ne dispose,
Du présent seul je me plais à jouir ;
Gai momusien, au vrai plaisir fidèle,
Moi, je me dis, bravant les coups du sort,
Les mêmes flots qui battent ma nacelle
Peuvent aussi la mener jusqu'au port.

Pour logis je n'ai qu'une chambre ;
Ma chaise, un lit, meublent tout mon manoir ;
Personne aussi n'attend dans l'antichambre,
Et dès qu'on vient l'on peut m'apercevoir ;
J'ai peu d'argent pour toute mon année,
Mais, sans tracas, mes pauvres héritiers,
Rendant un jour grâce à leur destinée,
Se passeront de plaideurs et d'huissiers.

1822.

Lorsqu'une femme me délaisse,
Riant de voir ses beaux feux amortis,
Je me console en changeant de maîtresse :
Pour être heureux, c'est le meilleur avis ;
Chacun le sait, près de femme jolie,
Parfois il faut devenir inconstant :
On ne peut pas s'aimer toute la vie ;
L'amour jamais ne fut un sacrement.

Dans une lutte meurtrière,
Jadis je fus briguer un grain d'encens ;
La paix enfin, terminant cette guerre,
A mon pays a rendu ses enfans ;
Je n'ai qu'un bras : voilà ma récompense !
Loin d'en gémir, moi, je m'estime heureux ;
Car je pouvais, pour le bien de la France,
Un jour plus tard les perdre tous les deux.

Joyeux, sans désir et sans crainte,
Me soumettant aux ordres du destin,
On ne m'entend point proférer de plainte,
Je chante et bois, je ris soir et matin ;
Fuyant la cour, de rien je ne me mêle,
Dans mes discours je suis sobre et prudent :
Trop loin du feu, mes amis, l'on se gèle ;
Trop près du feu l'on se brûle souvent.

Par un peu de philosophie,
Ainsi je cherche à toujours m'égayer ;
Quand une fois la carrière est remplie
Que gagne-t-on, hélas ! à s'ennuyer
Lorsqu'il faudra penser au grand voyage,
Sans nul souci je ferai mon paquet ;
De ce bas-monde on doit, en homme sage,
Sortir gaîment comme on sort d'un banquet.

M. W. Lafontaine.

LES VOLEURS.

Air : *De la Treille de sincérité.*

Souffrez, amis, que je vous prouve,
Que du berger aux grands seigneurs,
On ne trouve
Que des voleurs.

Je passerais pour rigoriste,
Et craindrais qu'on ne réclamât,
Si je comprenais sur ma liste
Tous ceux qui le sont par état.

Ainsi, paix à l'apothicaire,
Paix aux docteurs trop tourmentés,
Paix à la race chicanière;
Ces messieurs-là sont patentés !...
Souffrez, amis, etc.

Quel est le cri qui nous rallie?
Guerre aux plus innocens tendrons,
Guerre à toute mine jolie,
Parfois même guerre aux laidrons !...
Et dans cette lutte effroyable
On prend, on reprend, on surprend;
Le moindre larcin rend coupable,
Bien qu'on laisse tout ce qu'on prend...
Souffrez, amis, etc.

Un jeune favori du prince
Quitte les salons pour les camps;
Il n'a qu'un mérite fort mince,
Mais il a des soldats vaillans...
Devant eux tout fuit et tout plie,
Le héros reçoit des cordons,
Et l'ingrat à l'instant oublie
Qu'il les doit à vingt bataillons !
Souffrez, amis, etc.

Qui voit Arlequin en parure,
Voit tous nos ouvrages nouveaux ;
Que livrent-ils à la censure ?
Et des pièces et des morceaux.
Chez un Arlequin littéraire,
Retrouvons-nous un gai tableau ?
Si nous rendons grâce à Molière,
Le fat prend pour lui nos bravo !
Souffrez, amis, etc.

Et vous-mêmes, mes chers confrères,
Que venez-vous faire en ces lieux ?
Chaque mois, au choc de vos verres,
Répéter des refrains joyeux !
C'est le plaisir qui nous rassemble,
Mais quand nous sommes réunis
Ne dérobons-nous pas ensemble,
De trop courts instans aux ennuis ?
Souffrez, amis, que je vous prouve
Que du berger aux grands seigneurs,
    On ne trouve
   Que des voleurs.

M. RAMOND.

LA VÉRITABLE SAGESSE.

ÉPITRE AUX MOMUSIENS.

De la véritable sagesse,
De celle dont les soins et les avis prudens,
  N'étouffent pas, mais règlent nos penchans,
  Et qui, sans faste et sans ivresse,
Nous fait jouir des biens dont la divinité
  Dota la faible humanité,
  O mes amis! adoptons la bannière :
Ainsi nous fournirons une heureuse carrière.
  Mais repoussons la fausse déité
Qui, sans cesse affectant une rigueur austère,
    Avec adresse, du vulgaire
    Surprenant la crédulité,
    D'un ton cafard crie au scandale,
    Et comme réprouvé signale
Celui qui, de la vie estimant les douceurs,
Croit que sans se damner on peut cueillir des fleurs.
Que la sévérité dont elle fait parade,
    Que son verbiage maussade,

Que ses hypocrites sermons
Soient pour nous des sujets de joyeuses chansons.
Rions, amis, de ces prétendus sages
Dont notre gaîté franche excite les clameurs,
Et qui voudraient condamner tous les âges
A d'assoupissantes langueurs !
Écoutons les conseils que donne la veillesse
Quand par d'aimables traits elle orne la sagesse ;
Mais lorsqu'ennuyeux et grondeur,
Un vieux pédagogue censure
Ce qu'approuve le ciel, ce que veut la nature,
Respectons-le toujours, mais plaignons son erreur.
Si nous voulions alors dérouler son histoire,
Il nous serait permis de croire
Que, jeune, il ignora que d'heureux souvenir
Pour le déclin des ans sont les plus doux plaisirs.

N'écoutons pas notre maître Épicure,
Quand il nous peint les dieux indolens par nature,
Qu'on soit méchant ou bon, satisfait ou souffrant,
Voyant tous les humains d'un œil indifférent ;
Mais imitons-le bien, quand sa philosophie
Éloquemment identifie
Les vertus et la volupté :
Sachons faire le bien, mais fêtons la beauté :
Pour précepteur prenons Horace ;

Que l'élégance et que la grâce,
Et cette urbanité qui charme les esprits,
Règnent dans nos propos comme dans nos écrits ;
Que d'autres fassent une étude
De ce qu'on nomme ici grand art de parvenir,
Et qui n'est que celui de savoir s'avilir ;
Sur les instans futurs exempt d'inquiétude,
A la gaîté faisons-nous une loi
De confier du temps le fugitif emploi :
Le compas de la prévoyance
Enlève du plaisir l'attrait vif et piquant ;
Tandis qu'en songe-creux à l'avenir on pense,
Peut-on bien user du présent ?

Ma vie, à moi, n'est guère mieux réglée
Que ces vers inégaux, jetés négligemment,
Où je m'exprime librement,
Sans que mon âme soit troublée
Par l'orgueilleuse vanité
D'obtenir jamais que la gloire
Indique à la postérité
Mon nom en lettres d'or au temple de mémoire.

Amis, c'est ma confession
Que je vous écris sans mystère ;
Je fais, en buvant à plein verre,

Mon acte de contrition.
Sans exiger de repentance,
D'un accent caressant et doux,
L'amour me dit : Va, je t'absous,
Puis m'impose, pour pénitence,
De passer très-dévotement
Entre les bras de ma maîtresse
Une nuit, dont chaque moment
Sera marqué par la tendresse.

M. J. Dusaulchoy.

LE VOYAGE DU LANGUEDOC.

Air : *D'une Contredanse.*

De Chapelle
Et de Bachaumont
Dont
La muse gaîment cruelle
Ne voyageait qu'en médisant,
Nous blâmons le ton méprisant...
« A Narbonne,
» Il pleut, il tonne,

« Ont-ils dit, matin et soir ! »
Injustice !
Vain caprice !
Nous n'y pûmes voir
Pleuvoir ;
Et j'espère
Que, cependant
Pendant
Au moins une heure entière
Nous y restâmes bravement,
Malgré la poussière
Et le vent.
Sans doute
De notre route
L'ennui
N'a pas toujours fui.
Un sort bizarre
Et barbare
Sur nos pas
Mit Pézénas.
Mais nous vîmes
Ce Montpellier cité
Par ses docteurs sublimes,
Cité
Qu'habite la santé
En dépit de la faculté.

Ce Lunel où la Folie
Vint un soir nous héberger,
Ville d'où l'on expédie
Tant d'esprit pour l'étranger ;
 Et ce Nîmes
  Temple des arts
  Brillans remparts
  Où nous rendîmes
Hommage à tant d'antiquités
En monumens comme en beautés ;
 Et Vaucluse et sa fontaine,
 Où, rempli d'un fol espoir,
 Maint poëte imberbe, mène
 Son Pégase à l'abreuvoir,
  Et mille autres
  Dont les renoms,
   Les noms,
Vivraient plus que les nôtres
Si les géographes polis
Sur la carte les avaient mis.

M. Théaulon.

LA GRANDE BOMBANCE.

Air : *Du Vaudeville de Jean Monnet.*

Amans de la bonne chère,
Friands de jeunes tendrons,
Faisons bombance à Cythère,
Et l'amour sur des chaudrons ;
  Car Vénus
  Sans Comus,
Loin de ranimer la vie,
Ferait périr d'étisie
Tous les enfans de Momus.

Qu'une table bien servie
S'élève au sacré vallon ;
Débauchons dans une orgie
Toutes les sœurs d'Apollon.
  Qu'un flacon
  De Mâcon
Renverse chacune d'elles,
Et l'on verra nos pucelles
Accoucher.... d'une chanson.

Si Jupin en bœuf se change
Pour couronner son amour,
Traiteur, afin qu'on le mange,
Fonds sur lui comme un vautour ;
  Mets sa chair
  Sur le fer
D'un gril rougi par la braise :
Fais un bifteck à l'anglaise
Des cuisses de Jupiter.

Contre un bonnet de cuisine,
Amour, troque ton bandeau,
Et de ta flèche badine
Larde-nous un fricandeau :
  Cupidon,
  Marmiton,
Reprends tes droits sur notre âme,
Et que ta divine flamme
Serve à rôtir un dindon.

J'ai vu Vénus entourée
Des jeux, des plaisirs, des ris,
Et ma raison égarée
Suivit ses oiseaux chéris.
  J'ai repris
  Mes esprits ;

Et lorsqu'il faut que je dîne,
Je mettrais en crapaudine
Jusqu'aux pigeons de Cypris.

Armé d'une lèchefrite,
Je débarque chez Pluton,
Et fais bouillir ma marmite
Sur les feux du Phlégéton.
  J'ai pour rôt
  Un gigot;
Cerbère tourne la broche,
Caron fait tinter la cloche,
Minos écume le pot.

M. Francis.

M. THOMAS,

OU

LE PROVINCIAL INCRÉDULE.

AIR: *Sans mentir, son ruban m'a fait plaisir.*

On cherche à m'en faire accroire,
Mais comme un luron le doit,
Ventrebleu ! je ne veux croire
Qu'en touchant la chose au doigt.
Je dis, narguant l'étiquette,
Lorsque d'après son maintien,
On me prône une coquette
Pour une femme de bien :
  Ça s'peut bien ;   (*bis.*)
Quant à moi je n'en crois rien. (*bis.*)

Chantez si vous voulez rire,
Piis, Gouffé, Désaugiers,
Avec vous je m'en vais dire :
Gloire à ces gais chansonniers !

Mais si Duverny l'aveugle
Rhabille un pont-neuf ancien,
Que soir et matin il beugle,
Qu'on l'appelle Épicurien :
  Çà s'peut bien ;   (*bis.*)
Quant à moi je n'en crois rien. (*bis.*)

Chez Baptiste l'on m'entraîne
Pour boire et pour m'égayer ;
Le coquin, d'un vil surêne
Me déchire le gosier.
— Ah tu me la bailles bonne !
— Moi, monsieur, foi de chrétien,
Le vin qu'ici je vous donne,
Est du vrai Saint-Émilien !
  Çà s'peut bien ;   (*bis.*)
Quant à moi, je n'en crois rien. (*bis.*)

On aime à rire en province :
Aussi vais-je m'égayer
Me rendre heureux comme un prince,
Chez Brunet et chez Potier.
Fi donc, me dit une dame,
Quittez ce goût pour le mien,
Et courons au mélodrame,

Du bon goût c'est le soutien !
> Çà s'peut bien ; (*bis.*)
Quant à moi, je n'en crois rien. (*bis.*)

— Tous les soirs Agnès se pâme
Avec un jeune blondin.
— Ne croyez pas qu'en son âme
Se glisse un plaisir mondain !
C'est une extase mystique,
Fruit du plus pur entretien ;
Car Agnès alors s'applique
A convertir un païen.
> — Çà s'peut bien ; (*bis.*)
Quant à moi, je ne crois rien. (*bis.*)

Vivons toujours en goguette,
Doit dire tout bon humain,
Puisque la mort qui nous guette
Peut nous enlever demain.
Sur cette machine ronde
Avec plaisir je me tien :
Qu'on soit mieux dans l'autre monde,
Qu'on y goûte le vrai bien :
> Çà s'peut bien ; (*bis.*)
Quant à moi, je n'en crois rien. (*bis.*)

M. Saint-Laurent.

L'ÉMIGRÉ DANS SES CHAMPS.

Antique asile
De mes ayeux,
Vallon tranquille,
Bosquets ombreux ;
Rive fleurie,
Nymphes des bois,
L'âme attendrie,
Je vous revois.

Noble portique,
De pampre orné,
Château gothique
Où je suis né,
A ma mémoire
Vous retracez
Les jours de gloire
Des temps passés.

Terre étrangère,
Adieu, te dis :

Je te préfère
Mon beau pays ;
Sa voix me crie
Au fond du cœur :
Hors la patrie
Point de bonheur.

Adieu richesse,
Adieu grandeurs,
De ma jeunesse
Folles erreurs.
Trompeuse ivresse,
Frivole bien,
Pour la sagesse
Vous n'êtes rien.

Las des orages,
Je veux en paix,
Sous ces ombrages,
Rians et frais,
Loin de l'envie,
Loin des fâcheux,
Cacher ma vie
A tous les yeux.

M. Lélu.

TIENS BIEN TON BONNET.

Air : *Au clair de la lune.*

« Ma femme est charmante, »
Dit partout Lucas,
« Sa figure enchante,
» Elle a mille appas.
» — Tu devrais te taire, »
Dis-je à ce benêt,
« Sans quoi, pauvre hère,
» *Tiens bien ton bonnet.* »

Lisette débute
Très-incessamment,
Et craint qu'une chute
Soit ce qui l'attend.
Lise, si de plaire
Tu n'as le secret,
Devant le parterre
Tiens bien ton bonnet.

Aglaé seulette
Va chaque matin

Jouer sur l'herbette
Avec Mathurin.
A cette innocente
L'Amour en secret
Dit : « Jeune imprudente,
« *Tiens bien ton bonnet.* »

D'un noir mélodrame
Lindor est auteur ;
Il doit fendre l'âme
De maint spectateur ;
Mais le goût sévère
S'arme d'un sifflet :
Auteur éphémère,
Tiens bien ton bonnet.

J'étais fort malade :
Mon cher médecin,
Quoique très-maussade,
Chez moi vint soudain.
Avant qu'il n'approche,
La Mort me dit net :
« Le docteur est proche,
» *Tiens bien ton bonnet.* »

M. Belle.

LES ABSENCES.

Air *du ballet des Pierrots.*

Au but heureux qu'on se propose
Je sais qu'on parvient rarement,
Et sans en soupçonner la cause,
En plaintes chacun se répand :
S'il voit avec la circonstance
S'échapper l'objet qu'il poursuit,
L'un en accuse son absence, } *bis.*
L'autre son absence d'esprit.

Melcourt siége à l'Académie ;
Prudemment il s'y tait toujours.
Membre de cette compagnie,
Loin d'elle Albert passe ses jours.
Lorsqu'on l'admet à la séance,
Le public mécontent se dit :
« Albert manque ici par absence,
» Melcourt par absence d'esprit.»

On me dit que le mélodrame
Est l'école de la vertu,
Et l'autre jour avec ma femme
J'en vais voir un à l'Ambigu :
Le rideau se lève, on commence ;
Mais, concevez-vous mon dépit ?
Le public manquait par absence,
L'auteur par absence d'esprit.

Plaignons l'embarras de Glycère ;
L'an dernier son époux partit,
Et, grâce à son ami Valère,
Sa taille aujourd'hui s'arrondit.
Ah ! de moitié dans l'apparence
De ce tort que le temps mûrit,
L'époux a péché par absence,
L'amant par absence d'esprit.

Secondant les vœux de sa femme
Et les avis du vieux Purgon,
Un gros financier rendit l'âme
Hier dans sa petite maison :
Il disparaît, sans qu'on y pense,
D'un monde, où chacun l'a maudit,
Et l'on prétend que son absence
N'est pas une absence d'esprit.

Amis, dont la muse bouffonne
Soutient l'empire de Momus,
Je veux tous les mois en personne
Avec vous célébrer Comus.
Pour jouir de votre présence,
Ici le plaisir me conduit...
Mais, si je pèche par absence,
N'en accusez que mon esprit.

M. le chevalier de ROUGEMONT.

LE PETIT ROMAN.

AIR : *Au soin que je prends de ma gloire.*

Sous une paupière innocente
Lise cachait un œil malin ;
Elle était coquette et décente ;
Son esprit était simple et fin ;
Toujours maîtresse de sa tête,
Caressant ou piquant le goût,
Avec adresse elle était bête :
Elle était vierge, et savait tout.

Le doux aveu, le *je vous aime*
Bien sagement fut reculé;
Le délire du baiser même
Par la raison fut calculé :
Quand elle m'eut tourné la téte,
Croyant encor mieux m'attacher,
Elle feignît d'être plus bête;
Moi, je l'étais sans y tâcher.

Tout bienfait a sa récompense :
Le moment fatal arriva;
Je vis de tout près l'innocence,
Et notre roman s'acheva.
Hélas! au premier tête-à-tête
Tout le prestige disparut :
Soudain je cessai d'être bête,
Et ce fut elle qui le fut.

M. Hoffman.

L'INCONSTANT.

Air : *J'ai vu partout dans mes voyages.*

J'avais promis à *Félicie*
De l'aimer éternellement ;
Voyez ma constance inouïe !
J'ai déjà rempli mon serment.
Lorsqu'un autre penchant m'entraîne,
On crie à l'infidélité !
J'aimai pendant une semaine :
N'est-ce pas une éternité ?

Rien n'est durable sur la terre ;
Tout subit la loi du trépas ;
Et c'est un scandale à Cythère,
Qu'un amour qui ne finit pas.
Cet enfant, qu'un caprice éveille,
Devient vieux du soir au matin ;
Il est à cent ans de la veille,
Quand il arrive au lendemain.

Il n'est plus de flamme éternelle :
On ne voit plus de *Céladon* ;
L'amour tendre, l'amour fidèle,
Est mort aux rives de *Lignon*.
Jadis on mourait à son poste,
Toujours constant sans être heureux ;
Aujourd'hui l'amour court la poste,
Et les belles s'en trouvent mieux.

Sur la rose déja passée
L'insecte se fixe en rampant ;
La fleur nouvelle est caressée
Par le papillon inconstant.
Sur sa tige l'un se repose ;
L'autre la caresse et s'enfuit :
La chenille flétrit la rose,
Et le papillon l'embellit.

Le dieu *Plutus* prête sur gage,
Quand le crédit est aux abois ;
L'amour s'est mis dans cet usage ;
Il ne prête que pour un mois.
Toujours, d'après les lois nouvelles,
On prévoit un remboursement ;
On place son cœur chez les belles,
Comme l'on place son argent.

M. OURRY.

C'EST BIEN LE CAS DE CHANTER.

Air : *D'am 'ma mère est-ce que j'sais ça.*

Quand j'entends crier la table
Sous l'effort de trente plats,
Et quand une troupe aimable
Embellit ce gai repas,
Quand partout le plaisir brille,
Quand tout sait nous transporter,
Quand le champagne pétille,
C'est bien le cas de chanter.

Délaissé par la maîtresse
Qu'il se plut trop à chérir,
Un amant dans sa tristesse
Ne songe plus qu'à mourir ;
Grand Dieu, quelle extravagance !
A cet excès se porter !
En pareille circonstance,
C'est bien le cas de chanter.

Jouant la baisse et la hausse,
J'ai fait cent projets nouveaux,
Jamais Plutus ne m'exauce
Et tout mes calculs sont faux,
Contre le destin contraire,
Ici je prétends lutter,
Avec vous, pour me distraire,
C'est bien le cas de chanter.

Qu'un oncle, une vieille tante,
Laisse à d'avides neveux,
Trente mille écus de rente
En leur faisant ses adieux,
Vers sa dernière demeure
Les neveux vont l'escorter,
Et par bienséance on pleure......
C'est bien le cas de chanter.

Vous qu'un vain courroux excite
Cessez de nous censurer,
Faut-il donc comme Héraclite
Toujours gémir et pleurer?
Si la vie est un passage,
Nous devons en profiter:
Pour égayer le voyage,
C'est bien le cas de chanter.

M. Léopold.

A TA SANTÉ.

Air : *Chansons, chansons.*

De nos pères joyeux et sages,
Reprenons les anciens usages
    Et la gaîté ;
Suivons leur douce bonhomie,
Et trinquons sans cérémonie ;
    A ta santé !

Ce cri réjouit et réveille ;
Le cœur encor plus que l'oreille
    En est flatté ;
Lorsque les coudes sur la table,
Chacun se dit, d'un air affable :
    A ta santé !

Jadis, sans art, sans imposture,
On n'employait point d'écriture
    Dans un traité :
Pour garant de la foi promise
On se disait avec franchise :
    A ta santé !

En trinquant on fait connaissance,
En trinquant l'amitié commence
    Avec gaîté ;
Et quand deux amis se divisent,
Pour se rapprocher ils se disent :
    A ta santé !

Tête à tête avec sa maîtresse,
Ce mot charmant avec ivresse
    Est répété.
Après un amoureux silence,
Comme on dit avec jouissance :
    A ta santé !

Que dans ce lieu qui nous rassemble,
Le plaisir de trinquer ensemble
    Soit usité :
En songeant à celle qu'il aime,
Que chacun lui dise en soi-même :
    A ta santé !

M. RADET.

IL ATTEND.

Air : *Je l'ai planté, je l'ai vu naître.*

Hier, au lever de l'aurore,
Je trouvai Lise en mon chemin.
Une rose prête d'éclore,
De la bergère ornait le sein.

— « Où courez-vous, dites, la belle?
» Cherchez-vous un discret amant?..
» A tes pieds vois le plus fidèle;
» Lise, je t'en fais le serment. »

— « Finis, Colin, l'heure me presse...
» Lucas m'attend dans le bosquet;
» Méchant, respecte ma tendresse,
» Ménage surtout mon bouquet. »

— « Pour le bouquet, c'est autre chose;
» A Colin tu le donneras :
» Laisse-lui caresser la rose,
» Garde l'épine pour Lucas. »

On dispute long-temps la place ;
D'un trait l'Amour aide au plus fort.
Lise cède, et, demandant grâce :
« Lucas, dit-elle, à qui le tort ? »

Qu'arriva-t-il ? Chose ordinaire ;
Cette rose bien fort tenait :
J'emmenai Lise à ma chaumière ;
Lucas attend dans le bosquet.

M. Moreau.

ÉPIGRAMME

A M. B***, qui prétendait avoir fait une épigramme contre moi.

Je suis blessé jusques au fond de l'âme !
Ah ! contre moi, quelle bonne épigramme !
Mais, quel bonheur ! je vois ton nom au bas :
Tu l'as signée ? On ne la lira pas.

M. P. Ledoux.

GRANDE RONDE DES FOUX,

OU

LE NOMBRE DES FOUS EST INFINI.

Air : *Vive le vin de Ramponneau.*

Vivent les fous,
Consacrons tous
La vie
A la folie ;
De tous les travers moquons-nous ;
Les hommes sont tous,
Voyez-vous,
Fous.

Quand j'aurais à la fois
Cent langues et cent voix,
Je ne pourrais suffire
A nombrer tous les fous
Que l'on voit parmi nous
Naître et se reproduire.
Vivent les fous, etc.

Chez le roi Salomon,
Ce sage de renom,
J'ai puisé cet adage :
« Tous les hommes sont fous ;
» Et le plus fou de tous,
» Celui qui se croit sage.
    Vivent les fous, etc.

On prétend que jadis
La Grèce est le pays
Qu'habitait la Sagesse ;
Mais, en les bien comptant,
On n'a trouvé pourtant
Que sept sages en Grèce.
    Vivent les fous, etc.

L'homme au génie ardent
Est un extravagant
Pour le sot qu'il étonne ;
On aurait mis Newton
Peut être à Charenton
Par décret de Sorbonne.
    Vivent les fous, etc.

Un penseur sans égal,
Le grand Blaise Pascal,

Voyait près de sa chaise,
Dans un gouffre entr'ouvert,
Le grand diable d'enfer.
Ah ! plaignons le grand Blaise !
  Vivent les fous, etc.

On décore souvent
Des têtes à l'évent
De mitre et d'auréole ;
Et le bandeau des rois
Reposa quelquefois
Sur mainte tête folle.
  Vivent les fous, etc.

Un savant prétendait
Qu'en son crâne logeait
La raison immortelle ;
Mais un petit minois,
Mais un flacon d'arbois
Lui tournaient la cervelle.
  Vivent les fous, etc.

On croyait que chez nous,
Momus, le dieu des fous,
Chercherait la folie ;
Mais tout droit ce dieu fut

La prendre à l'institut,
En pleine académie.
 Vivent les fous, etc.

Dans l'un des cabanons
Des Petites-Maisons,
J'ai lu sur la muraille :
« Vous nous appelez fous ;
» Nous pouvons avec vous
» User de représaille. »
 Vivent les fous, etc.

Pour éviter les fous,
Des hibous dans leurs trous
Allez grossir le nombre,
Et pour ne plus en voir,
Brisez votre miroir ;
Vous trouveriez votre ombre.
 Vivent les fous, etc.

Ce monde, nous dit-on,
Est le grand Charenton
De la machine ronde ;
Mais pour cela, morbleu !
Faut-il que le bon Dieu,
Le brise et le refonde ?

1822.

Vivent les fous,
Consacrons tous
La vie
A la folie,
De tous les travers moquons-nous,
Les hommes sont tous,
Voyez vous,
Fous.

M. le chev. Coupé de Saint-Donat.

LE CID.

Air : *Rien, tendre amour, ne résiste à tes armes.*

(De Gulnare.)

Prêt à partir pour la rive africaine,
Le Cid, armé, tout brillant de valeur,
Sur la guitare, aux pieds de sa Chimène,
Chantait ces vers, que lui dictait l'honneur.

Chimène a dit : — « Va combattre le Maure ;
» De ce combat surtout reviens vainqueur :
» Oui, je croirai que Rodrigue m'adore
» S'il fait céder son amour à l'honneur.

—» Donnez, donnez et mon casque et ma lance;
» Je prouverai que Rodrigue a du cœur :
» Dans les combats signalant ma vaillance,
» Mon cri sera pour ma dame et l'honneur.

» Maure vanté par ta galanterie,
» De tes accens mon noble chant vainqueur
» D'Espagne un jour deviendra la folie,
» Car il peindra l'amour avec l'honneur.

» Dans les vallons de notre Andalousie
» Les vieux chrétiens chanteront ma valeur;
» Il préféra, diront-ils, à la vie
» Son Dieu, son Roi, sa Chimène et l'honneur. »

M. DE CHATEAUBRIANT.

LES AUTEURS.

Air : *Flore n'a pas besoin d'aïeux.*

Des auteurs le sort est charmant!
Ils goûtent des plaisirs extrêmes :
Des bons le public est content;
Les mauvais sont contens d'eux-mêmes.

LES AMOURS

D'UN JEUNE TAMBOUR.

Air : *J'ons un curé patriote.*

Mon tambour et ma tendresse
M'ont illustré mille fois;
Les ennemis, ma maîtresse,
Chantent mes brillans exploits.
Bon soldat, je suis vaillant;
Bon Français, je suis galant,
  Rantamplan, rantamplan,
    Rantamplan,
  Tambour battant. *(ter.)*

Voulant prendre du service,
Dans un corps j'entrai gaîment;
  Une gentille novice
  Suivait notre régiment.

Mon cœur ému vivement
Battait plus d'un roulement.
  Rantamplan, rantamplan,
    Rantamplan,
      Tambour battant. *(ter.)*

A la belle vivandière
J'osai déclarer mes feux ;
Plus je la trouvai sévère,
Et plus j'en fus amoureux :
Refus, plainte, emportement ;
Je bravai tout..... fièrement.
  Rantamplan, rantamplan,
    Rantamplan,
      Tambour battant. *(ter.)*

Un jour après l'exercice,
La belle sortait du camp ;
Je crus le moment propice,
Je la suivis lestement ;
Et loin du cantonnement
J'abordai la jeune enfant.
  Rantamplan, rantamplan,
    Rantamplan,
      Tambour battant. *(ter.)*

— Ne faites pas la coquette,
Répondez à mon amour;
Ma brunette, à la baguette
Vous mènerez un tambour.
A ce discours éloquent,
Rose cède.... en rougissant.....
  Rantamplan, rantamplan,
    Rantamplan,
      Tambour battant. *(ter.)*

Pour prouver à ma mignonne
Que j'avais de grands talens,
En une heure à la friponne,
Je battis..... six roulemens.
« Cessons, lui dis-je, un moment. »
—«Monsieur, c'est honteux vraiment!!!...»
  Rantamplan, rantamplan,
    Rantamplan,
      Tambour battant. *(ter.)*

« Quoi vous battez la retraite,
» Quand vous devez battre aux champs!
» Peut-on prendre la baguette
» Pour jouer si peu de temps?....
» Si vous m'aimez tendrement,

» Recommencez promptement!... »
Rantamplan, rantamplan,
Rantamplan.
Tambour battant. *(ter.)*

Obéir à cette belle,
Pour moi ce ne fut qu'un jeu,
Et j'eus de la demoiselle
Nouveau reproche avant peu;
Elle eût fatigué vraiment
Les tambours du régiment!!!...
Rantamplan, rantamplan,
Rantamplan,
Tambour battant. *(ter.)*

M. P. J. Charrin.

LE BONHEUR DU JOUR.

Air du vaudeville de l'*Intrigue sur les toits*.

Puisqu'aujourd'hui l'on voit en France
Plus d'un moderne Anacréon
Mettre la plus grande importance
A la plus petite chanson;

Je veux suivre la même route ;
Je veux qu'on me cite à mon tour :
Mon sujet est heureux sans doute :
Je chante *le bonheur du jour*.

Pour bien mettre un meuble à sa place
J'ai toujours consulté le goût :
Un *fauteuil*, un *lit*, une *glace*,
Cela peut se placer partout ;
Au cabinet un *secrétaire*,
Près du *garde-feu* le *tambour*,
Près de mon *sopha* ma *bergère*,
Au boudoir *le bonheur du jour*.

Célestine est modeste et sage,
Elle craint le faste et le bruit ;
Toujours chez elle, c'est l'usage,
On se retire avant minuit :
Mais certaine langue assassine
Dit que, par un juste retour,
Plus d'un amant chez Célestine
A trouvé *le bonheur du jour*.

Au *prix fixe* hier soir Glycère
Marchandait un bonheur du jour ;

Et là, pour certaine autre affaire,
Se trouvait le riche Melcour :
Il offrit sa bourse à Glycère,
Et la belle, sans nul détour,
Fit son *bonheur* la nuit entière
Pour avoir *le bonheur du jour.*

Pour un gascon un héritage,
Pour un auteur un grand succès,
Pour un théâtre un bon ouvrage,
Pour un normand quelque procès ;
L'ombre pour le voleur qui tremble ;
Pour l'esprit faux un calembour,
Pour moi l'instant qui nous rassemble,
Voilà bien *le bonheur du jour.*

M. Dumersan.

IMPROMPTU A UNE JOLIE FEMME.

Air : *Je l'ai planté, je l'ai vu naître.*

O vous que l'amour a fait naître
Sœur des grâces et des vertus,
Quand on commence à vous connaître,
Pourquoi ne se connaît-on plus ?

LE LAURIER.

Air : *Nous sommes précepteurs d'amour.*

Laurier que protége Apollon,
Sur ton écorce faible encore
Je viens marier à mon nom,
Le nom de celle que j'adore.

Malgré l'hyver et les autans
Tu conserves ton vert feuillage :
Ainsi l'on voit deux cœurs constans
Brûler sous les glaces de l'âge.

Conserve ce gage d'amour,
Bel arbre, heureux dépositaire,
Et je te promets chaque jour
Une onde pure et salutaire.

Puisse le souffle du zéphyr
Courber seul tes rameaux flexibles !
Puisse ton ombre ne couvrir
Que des amans toujours sensibles !

M. Justin Gensoul.

LE DÉSESPOIR D'UN BUVEUR.

Air : *Chantons Bacchus*.

Sur les côteaux de la Bourgogne
D'où les dieux tiraient le nectar,
Un vieux buveur à rouge trogne,
Cherchait le Beaune et le Pomar.
Assis près d'une tonne vide,
Dont l'aspect causait son chagrin,
Le cœur gros, l'œil de pleurs humide,
Sa voix murmura ce refrain :
Gais chansonniers, amant de la bouteille ;
Vous qui chantiez Bacchus et le jus de la treille,
Pleurez le deuil de ces côteaux ;
Point de raisin pour remplir nos tonneaux !

Temps fortuné de la comète,
Si cher aux enfans de Bacchus,
Ton vin ranimait le poëte,
Et le tendre amant de Vénus ;

Déjà, dans sa force première,
Il valait nos vins les plus vieux ;
Le buveur pouvait à plein verre,
Sabler son jus délicieux.
Gais chansonniers etc.

Adieu doux charme de l'ivresse,
Toi, qui faisais naître au festin
Les bons mots, la franche allégresse,
Adieu, je vois tarir le vin.
Fiers ennemis de la fontaine,
Fameux buveurs, résignez-vous ;
Ne versez plus à coupe pleine,
Il nous faut boire à petits coups.
Gais chansonniers etc.

Pour les buveurs jadis l'automne
Était la reine des saisons ;
Maintenant le dieu de la tonne,
Hélas! nous refuse ses dons ;
Autour de son char, la folie
Ne presse plus les vendangeurs ;
On n'entend plus dans la prairie,
L'écho retentir de leurs chœurs.
Gais chansonniers etc.

M. Casimir Josselin.

LES ATOMES D'ÉPICURE.

Air: *Fille à qui l'on dit un secret.*
Ou: *J'étais bon chasseur autrefois.*

De Démocrite, savamment
Épicure étend le système :
« Des atomes en s'accrochant,
« Forment, dit-il, l'homme lui même. »
De ces atomes obligeans
Qui peut réfuter la doctrine,
Lorsque nous voyons tant de gens
Dignes d'une telle origine ?

Ces mortels justement vantés,
Qui, dans la Grèce, à Rome, en France,
Des vertus et des voluptés
Unissaient la double puissance,
Ils avaient d'atomes parfaits
Épuisé toute la nature :
Ils ont pris les premiers sujets
Et n'ont laissé que la doublure.

Sur l'aile de l'esprit, depuis,
On vit à leurs aînés semblables,
D'autres atomes réunis
Pour former des auteurs aimables.
Des muses le premier caveau
Devint la joyeuse taverne,
Et nous les vîmes de nouveau
Inspirer le caveau moderne.

Ainsi, Momusiens heureux,
La gaîté vous sert de boussole,
Sans fades langueurs amoureux,
De bonheur vous tenez école ;
Donnant pour sceptre à la raison
La marotte de la folie,
Vous savez, en toute saison,
Parsemer de roses la vie.

Que vous font les traits qu'un censeur
Platement contre vous décoche,
Le fripon qui parle d'honneur
Quand sa main vise à votre poche ;
Ces tartuffes au ton mielleux
Et ces prudes si combustibles ?
Ces êtres sont tous, à vos yeux,
Les atomes les plus risibles.

Français et galans, au plaisir
Vos atomes toujours fidèles,
Sans cesse éprouvent le désir
De se mêler à ceux des belles.
Si de preuves de sentiment
Vous n'êtes pas très-économes,
Vous vous consolez en disant:
C'est la faute de nos atomes.

Puisque les turbots, ici-bas,
Ces dindons, gras comme des moines,
Et cent mêts fins et délicats
D'atomes sont des macédoines,
En répétant un gai refrain,
Avalons tous ces bons apôtres,
Car d'autres atomes, demain,
Peut-être avaleront les nôtres.

M. J. Dusaulchoy.

MON ÉPAULETTE.

Air *du vaudeville de décence.*

Sois-moi fidèle, ô ma pauvre épaulette,
   Ensemble nous devons finir;
Ton éclat passe, hélas! et je regrette
   De ne pouvoir te rajeunir;
   Des grands que la faveur caresse
   Avec toi je me ris tout bas;
Tu me tiens lieu de cordons, de noblesse,
Ma vieille amie, ah! ne nous quittons pas.

Je m'en souviens : le jour de ton emplette
   Pour moi fut un jour de bonheur;
Tu me valus un regard de *Laurette*,
   Je fus aimé, je fus vainqueur.
   Bientôt, volage autant que belle,
   Laure m'exila de ses bras :
Plus que l'amour tu me seras fidèle,
Ma vieille amie, ah! ne nous quittons pas.

Sous des héros, mais toujours pour la France,
   J'ai combattu nos ennemis :

Ai-je laissé soupçonner ma vaillance ?
   T'ai-je exposée à des mépris ?
   Ah ! des priviléges novices
   Sur le mérite auront le pas....
Mais ta vieillesse atteste mes services,
Ma vieille amie, ah ! ne nous quittons pas.

De tous mes pas, compagne inséparable,
   Tu soulageais mon cœur aigri,
Quand, prisonnier d'un vainqueur implacable,
   Je pleurais un pays chéri :
   Quand la fortune moins cruelle
   Me ramène dans nos climats,
Quand je revois cette France si belle,
Ma vieille amie, ah ! ne nous quittons pas.

Sur nos confins, lorsque l'Europe entière
   Vint déployer ses étendards,
Sans raisonner, je suivis ma bannière,
   Je bravai de nouveaux hasards.
   Mon roi, mon pays que j'adore,
   Commandent-ils d'autres combats ?
Au champ d'honneur nous paraîtrons encore :
Ma vieille amie, ah ! ne nous quittons pas.

M. JUSTIN BOUISSON.

AIMEZ-MOI TEL QUE DIEU M'A FAIT.

Air : *De la Catacoua.*

Ah ! sur cette machine ronde,
Il est impossible, ma foi,
De pouvoir plaire à tout le monde ;
Hélas ! j'en juge d'après moi.
Sur nos travers parlant sans cesse,
Sots et pédans de nous font un portrait,
    Dont chaque trait
    Semble parfait
A l'auditeur qu'il égaie en effet.
Grâce, Messieurs, pour ma faiblesse
Aimez-moi tel que Dieu m'a fait.

L'un blâme mon esprit frivole,
Qui choque un peu sa gravité ;
Si j'en crois une aimable folle,
J'ai beaucoup trop d'austérité ;
Un autre fronde la licence
Dont quelquefois j'ai gâté maint sujet ;

Un freluquet,
Roué parfait,
De ma candeur à rire se complaît :
Montrez un peu plus d'indulgence :
Aimez-moi tel que Dieu m'a fait.

Heureux de voir l'objet que j'aime,
Si je préviens le rendez-vous,
Censeurs, d'une rigueur extrême,
Vont s'écrier : c'est un jaloux !
Mais, de grâce, que faut-il faire ?
De plaire à tous donnez-moi le secret ;
Mon cœur voudrait,
S'il le pouvait,
En profiter, et dans son intérêt,
En attendant, sans commentaire,
Aimez-moi tel que Dieu m'a fait.

Je suis impatient, colère,
Pourtant mon cœur n'est pas méchant ;
Trop sensible par caractère,
D'autrui je fus dupe souvent.
Si de bien loin je suis la gloire,
Mon amour-propre est de peu satisfait ;
Et par le fait,
Je le dis net,

Est-il chanteur qui n'aime son couplet ?
   Est-ce un travers ? je veux le croire :
   Aimez-moi tel que Dieu m'a fait.

   Me parle-t-on de politique ?
   Prudent, je ne m'en mêle pas ;
   D'humeur libre, mais pacifique,
   J'évite d'ennuyeux débats.
   Eh ! bien, pour mon indifférence,
On va sur moi faire maint quolibet,
      Plus d'un pamphlet,
      Malin couplet,
Tous les partis vont décocher leur trait !
   Que répondre à leur médisance ?
   Aimez-moi tel que Dieu m'a fait.

   Enclin à la galanterie,
   J'ai fait la cour à vingt beautés,
   Et, grâce à mon étourderie,
   J'ai payé cher leurs cruautés :
   Pour cela faut-il donc me pendre ?
L'homme ici-bas est-il jamais parfait !
      Qui le croirait,
      Ma foi serait
Bien insensé, chacun s'en moquerait.
   Si je suis infidèle et tendre,
   Aimez-moi tel que Dieu m'a fait.

O vous dont l'amitié m'est chère !
Fermez les yeux sur mes défauts ;
Laissez l'envie atrabilaire
Me dénigrer dans ses tableaux ;
Ne demandez pas de prodige,
L'humaine espèce a toujours son cachet.
  Heureux qui plaît,
   Et qui connaît
L'art de masquer, d'embellir son portrait !
Pour moi, voici ce que j'exige :
Aimez-moi tel que Dieu m'a fait.

M. P. Béchu.

LES PARADIS.

Air : *Dans un bois solitaire et sombre.*

Je vais partir pour l'autre monde,
J'ignore encor s'il est bien loin,
Si sa forme est ovale ou ronde,
Si l'on y vit sans nul besoin.

Maints auteurs, Tibulle et Virgile,
L'ornent de fleurs et de bosquets,
Où notre ombre toujours tranquille
Jouit à l'aise et prend le frais.

Mahomet, dans ses évangiles,
Le peuple de belles houris,
Qui, toujours vierges et nubiles,
Font les honneurs du paradis.

La loi de la Rome nouvelle
Promet au Ciel, aux bienheureux,
De Dieu la présence éternelle
Et des concerts mélodieux.

O mes amis ! que dois-je faire ?
Parmi ces trois lequel choisir ?
Eh quoi ! personne ne m'éclaire,
Nul mort n'a daigné revenir.

Mais, que dis-je ? chère Délie,
Mon paradis, n'en doutons pas,
Sera, comme pendant ma vie,
L'asile heureux où tu seras.

M. DE LANTIER.

L'HIVER.

Air du vaudeville *des deux Philibertes.*

Mes amis, quittons la campagne,
Voici l'hiver et les glaçons;
Entendez-vous dans la montagne
Mugir les fougueux Aquilons;
Disons bonsoir à cette treille,
Muet témoin de tous nos jeux,
Mais emportons notre bouteille,
Nos verres, nos couplets joyeux.

Adieu cave où le vieux Madère
Repose auprès du fin Bordeaux;
Adieu campagne; adieu parterre,
Bosquets fleuris et clairs ruisseaux;
Adieu, chêne dont le feuillage
Protégeait nos danses, nos chants
Contre Phœbus, contre l'orage,
Au revoir jusqu'au vert printemps.

Adieu bergères séduisantes
Qui livrez vos cœurs à l'amour,
Et dont les tournures charmantes
Causaient nos tourmens nuit et jour.
Pour aller encore à Cythère,
L'hiver est un bien mauvais temps ;
Vous nous attendrez, je l'espère,
Pour vous y conduire au printemps.

Regagnons la ville au plus vite ;
Pas de halte dans le chemin ;
Dans le temple où Momus habite
Allons entonner un refrain.
Ne pensons plus à la campagne,
Au noir hiver, aux froids autans ;
Et près d'un tonneau de champagne
Attendons gaîment le printemps.

M. Gabriel Vinay.

LES ALLIÉS.

Sujet tiré du Congrès.... d'Algarotti, et qui n'aurait point fait rire Abélard le lendemain d'un certain jour de barbe.

Air : *Dans la paix et l'innocence.*

De l'amoureuse alliance
Souffrez qu'un joyeux Français
Chante la douce puissance,
Les vertus et les succès.
Trois sujets forment cet être,
Leurs noms sont un peu mondains....
Ma foi ! pour les mieux connaître
Voyez le dieu des jardins.

Leur puissance..., elle est égale,
A part la dimension.
Combien leur serait fatale
La moindre division !

Leur pacte assure le nôtre,
Et nature a fait si bien,
Que, séparés l'un de l'autre,
Ce qui reste ne vaut rien.

S'agit-il d'une conquête?
Un jeune et blond paladin,
Cupidon, vole à la tête
De son cortège badin.
La place tombe avec gloire
Aux premiers traits du désir,
Et le jour de la victoire
Est la fête du plaisir.

Gnide, Paphos et Cythère
Vantent les droits de l'amour :
Pas un être sur la terre
Qu'il ne subjugue à son tour.
Mais ces droits, ce dieu lui-même
Seraient bientôt oubliés
Sans l'influence suprême
De nos fermes ALLIÉS.

On a beau dire et beau faire,
Partout s'étend leur pouvoir :
Au palais, au ministère,
Au capitole, au boudoir.

Entre l'amant, la maîtresse,
Entre l'épouse et l'époux
Il entretient cette ivresse
Dont les effets sont si doux !

Hélas ! du temps et de l'âge
Tout doit dépendre ici-bas.
La volonté, le courage.
Parfois ne suffisent pas ;
Et lorsque cède une belle
A des vœux mal appuyés,
En vain le vieillard appelle
Le secours des *alliés*.

M. Félix.

LE BERCEAU.

Air : *Depuis long-temps j'aimais Adèle.*

Livrons nos cœurs à l'espérance ;
Plus de craintes, plus de regrets :
Sur Caroline et sur la France
Un nouveau jour luit désormais.
Pour dissiper jusqu'au moindre nuage,
Un jeune lys comble nos vœux ardens...
C'est l'arc-en-ciel qui vient après l'orage
Nous annoncer le retour du beau temps.

O toi, le modèle des mères,
  Toi, qui sus braver tour à tour
Et les soucis et les peines amères,
Dieu devait bien un fils à ton amour.
Quand de nos rois il relève la branche,
Portons vers lui nos cœurs épanouis.
Puisqu'il nous rend une nouvelle *Blanche*,
Il peut encore nous rendre un *saint Louis*.

Prince chéri, le jour de ta naissance
  Est un jour de fête pour nous...
  Ah! que ton heureuse présence
Offre à nos cœurs un avenir plus doux !
  Enfin il est temps qu'on espère,
  Que tous les Français désunis,
Qui s'agitaient près du tombeau du père,
S'embrasseront au berceau de son fils.

M. BRAZIER.

LE RETOUR D'ANACRÉON. (1)

Relevez-vous, disciples de Bacchus,
D'Anacréon j'ai vu tomber les chaînes,
Le plaisir rentre au *temple de Momus;*
Nos cœurs sont gais et nos coupes sont pleines.
Coulez bons vins, volez refrains charmans,
Anacréon est avec ses enfans!

Au nom sacré des vins fins, des bons vers,
L'amitié rend à ses yeux la lumière.
Couvrons de fleurs la trace de ses fers,
Et de plaisirs la fin de sa carrière.
Coulez, etc.

---

(1) Cette pièce, et les cinq suivantes, ont été chantées ou lues au banquet donné le 3 août 1821, pour célébrer le retour du président des Soupers de Momus, qui avait été absent pendant huit mois, pour une cause qui ne pouvait que l'honorer. Des artistes de différens théâtres s'étaient réunis et avaient donné, le 27 juin 1821, pour la délivrance de cet homme de lettres, une représentation à son bénéfice dans la salle de l'Opéra.

Gloire à jamais à son prédécesseur;
Il honora le sceptre et son empire,
Mais aujourd'hui les quittant de bon cœur,
Ainsi que nous, il se plaît à redire :
Coulez, etc.

De nos chagrins buvons l'heureux oubli;
Si le passé murmure à notre oreille,
Dans le néant qu'il soit enseveli
Comme ces flots du doux jus de la treille.
Coulez bons vins, volez refrains charmans,
Anacréon est avec ses enfans.

M. Crosnier.

A M. J. D........

Air : *Toi que la puissance environne.*

A Nos vœux on vient de te rendre;
Pour toi, pour nous l'heureux destin !
Et que ton retour fait répandre
De larmes de joie et de vin !
Pour mieux célébrer la présence
De cet aimable chansonnier,
Délivrons l'aï prisonnier,
Et buvons à sa délivrance.

Au sein d'une triste retraite
Tu fus abreuvé de dégoûts,
Si ta muse devint muette,
Ton cœur parla toujours de nous.
Un jour, pour finir ta misère,
Dans ton exil, de toutes parts,
Tu vis accourir les beaux arts :
Que ne fait-on pas pour un père ?

O vous, artistes pleins de zèle,
De Paris, le charme et l'honneur,
Vous que jamais envain n'appelle
La voix plaintive du malheur,
Recevez nos justes hommages,
Si vous brillez par le talent,
Votre généreux dévouement
Entraîne aussi tous les suffrages.

M. Léopold.

COLÈRE DE BACCHUS,

CONTRE LES MOMUSIENS,

Air : *Aussitôt que la lumière.*

Silène un jour en campagne
Allant percer ses tonneaux,
A peine dans la Champagne,
Pouvait emplir quatre brocs.
» Quoi ! dit-il, plus de bourgogne,
» Plus d'aï, plus de torrens,
» Tout est passé sur la trogne
» De mes joyeux Momusiens !

» Ah ! buvez l'oubli des peines,
» Buvez, heureux biberons ! (1)

---

(1) *Fortunati... sua si bona norint !*

» Oui, que vos caves soient pleines
» Et vos ventres toujours ronds !
» Mais que cette soif insigne
» Que cent muids n'ont pu tarir,
» Laisse au doux fruit de la vigne
» Au moins le temps de mûrir ! »

Sous cette soif sans pareille
Bacchus de ses droits jaloux,
Craint qu'à jamais la bouteille
N'épuise tous ses glougoux.
Contre Momus il s'irrite,
Il ferme plus d'un traiteur,
Et renverse la marmite
Chez plus d'un restaurateur.

Dans l'auberge toujours prête
D'un triste et sombre donjon,
Il veut qu'à dix sols par tête
On traite notre patron.
Quand il arrive à la porte
Ce luron ne peut passer,
Il demande qu'on le porte,
Trop puissant pour s'abaisser.

Dès qu'il entre sous la voûte
Qu'il prend pour de frais caveaux,

Il casse aussitôt la croûte
Et demande du bordeaux.
Mais de peur de la *diète*,
Dans la cuisine il s'enfuit,
Et se met dans son *assiette*
Lorsque le sort le poursuit.

Mais bientôt deux satellites
De là vinrent l'arracher,
Lui derrière deux marmites
Court soudain se retrancher :
Comme un muid qui se débonde
En rompant tous ses cerceaux,
Là, sa bouche rubiconde
Contre eux fait tonner ces mots :

« Du gras troupeau d'Épicure
» Je suis l'un des frais suppôts,
» A nul je ne fis injure,
» Je n'ai *choqué* que des pots :
» Gastronome sans reproche
» Je ne veux de chaîne ici,
» Que celle du tourne-broche
» Que maint rosbifs ont noirci. »

Mais après huit mois, Thalie
Qu'avait fait fuir lord Byron,

Le front barbouillé de lie
Vint délivrer ce luron :
Lui rouvrira-t-on la porte ?
Oui Paul, Brunet, Klein, Pottier
Ont fait passer pour qu'il sorte,
Plus d'une *pièce* au portier.

Quand il sortit de cet antre
Son front encore vermeil,
A fait jusque dans son centre
Pâlir le front du soleil.
Près de son ventre on se range.
A cheval on le plaça...
Sur un tonneau de *coulange*,
Qu'un créancier lui laissa.

M. Denne-Baron.

A NOTRE AMI D........

AIR : *Connaissez mieux le grand Eugène.*
Ou vaudeville *du Passe-partout.*

Touchés du malheur d'un confrère,
Vers toi nous avons couru tous ;
Pour toi ce que tu nous vis faire,
Toi-même l'aurais fait pour nous.
De l'amitié connaissons l'avantage,
Et pour mieux en goûter les fruits,
En tous nos cœurs est gravé cet adage :
Dans le malheur on connaît ses amis.   (*bis*).
(*En chœur.*) En tous nos cœurs, etc.

Hélas ! une trop longue absence
Te sépara d'amis bien chers ;
Forcé de faire pénitence,
Combien tu maudissais tes fers !
Mais nous t'avons rendu mainte visite,
Qui parfois charmaient tes ennuis,
Et ta prison fut souvent trop petite :
Dans le malheur on connaît ses amis.

Au théâtre, la bienfaisance
Est exercée avec ardeur,
Et l'on a vu dans cette circonstance
Qu'un grand artiste a toujours un bon cœur.
Oui, des vertus reconnaissant l'empire,
Les acteurs en sont plus chéris;
C'est au théâtre enfin que l'on peut dire :
Dans le malheur on connaît ses amis.

Ami, dans le cours de ta vie
Du sort tu sentis la rigueur;
Puisse la fortune ennemie
Pour toi se changer en bonheur!
Si quelque jour ce bonheur t'importune,
A tes plaisirs, à tes banquets admis,
Nous t'aiderons à manger ta fortune :
Dans le malheur on connaît ses amis.

Au président, que franchement on aime,
Je propose mainte santé;
Il faut surtout, dans notre joie extrême,
Il faut boire à sa liberté.
Il se pourrait, emporté par mon zèle,
Que je me trouvasse un peu gris;
Soutenez-moi, messieurs, si je chancelle :
Dans le malheur on connaît ses amis.

M. COUPART.

1822.

A NOTRE AMI D.....

Sur sa réinstallation à la présidence.

AUX MEMBRES DE LA SOCIÉTÉ ET A MESSIEURS
LES INVITÉS.

Mes chers amis, vous avez tous chanté ;
　Dans vos vers coulans et faciles,
　Le sentiment et la gaîté
A vos accords heureux se sont montrés dociles.
　J'aurais pu, suivant vos leçons,
　Pour exprimer ce que mon cœur m'inspire,
Moins bien que vous sans doute, ébaucher des chansons
Mais sur un autre ton j'ai dû monter ma lyre,
　Et je prétends, en cette occasion,
　　Sinon chanter, au moins vous dire
　Ce qu'en ce jour, notre réunion
　　Me fait éprouver de délire.

« Le malheur qui n'est plus, n'a jamais existé : »
On l'a dit quelque part, et moi je le répète ;

Bon D***, de cette vérité
Notre commune joie est fidèle interprète.
Si quelque chose manque à ta félicité,
C'est que plusieurs amis manquent à cette fête (1);
Mais, regrettant des momens aussi doux,
Leur cœur, j'en suis certain, leur cœur est avec nous.

Une austère philosophie,
En croyant te donner une utile leçon,
Pour éviter les écueils de la vie,
Te dit de renoncer aux vers, à la chanson (2);
A ses conseils garde-toi de te rendre.
En vain, te dira-t-elle, ami, tu vas m'entendre :

---

(1) MM. Potier et Lepeintre étaient en tournée dans les départemens, MM. Perlet et Émile, par le louable motif du devoir à leur théâtre respectif, ne purent assister à ce véritable banquet de famille.

(2) Ce passage a trait à un vers que j'ai remarqué dans une pièce adressée au public, que M. Lepeintre a parfaitement lue, le jour de la représentation donnée à Louvois. L'auteur de ces vers, voulant plaindre et excuser notre ami, disait :

« Mais par malheur notre ami fait des vers. »

« Si tout est, ici-bas, chimère et vision,
Si pour nous le bonheur n'est qu'une illusion,
Le désir de la gloire et de la renommée,
Un appât fugitif qui s'exhale en fumée,
 Quel triste abus, ou plutôt quel travers,
De consacrer son temps à composer des vers !
Pires que des forçats attachés à la chaîne,
Nous fatiguons nos jours, pour suivre une ombre vaine
Et pour atteindre au but, où, malgré nos souhaits,
Notre peine et nos soins, nous n'arrivons jamais !
Je sais que le poëte, heureux dans son délire,
Croit posséder la palme à laquelle il aspire ;
Mais, semblable aux vapeurs qu'enfante le sommeil,
Le charme se dissipe à l'instant du réveil.
Tu n'apprendras que trop, et par expérience,
De ces songes flatteurs la triste conséquence ! »
Ah ! méprise, crois-moi, ces funestes avis !
Viens, la marotte en main, présider tes amis !
Les vers de ton malheur ne furent point la cause ;
Tu ne le dus, hélas ! qu'à deux lignes de prose
Que, par le temps qui court, sans rime ni raison,
Écrivent trop souvent les enfans d'Apollon.

M. Aubertin.

PETITE RONDE

A NOTRE AMI BRUNET,

Affilié aux Soupers de Momus.

AIR : *C'est l'amour, l'amour.*

C'est Brunet, Brunet, Brunet
   Qui nous fait rire
   Et qu'on admire !
    Oui, Brunet
   Toujours nous plaît,
Son talent est parfait.

De son art il est idolâtre....
Si la fièvre un jour le poursuit,
Pour respirer l'*air* du théâtre
Il y fera porter son lit.
   En entrant dans la vie,
   Je crois que ce luron,
   Bercé par la folie,
   En fut le nourrisson.
C'est Brunet, Brunet, Brunet, etc.

Changeant d'habit et de figure
De sexe même fort souvent,
Il nous peint si bien la nature,
Qu'on croit voir un portrait vivant.
 Comme il peint de *Jocrisse*
 Le désespoir, la peur !
 Comme il peint l'avarice
 D'un ancien procureur !

C'est Brunet, Brunet, Brunet, etc.

Quel air de candeur, d'innocence
Sous la toque de *Cendrillon* !
On le croirait, sur l'apparence,
Fait pour porter le cotillon.
 Dans *Werther*, qu'il est drôle !
 On serait convaincu,
 Quand il remplit son rôle,
 Qu'il est vraiment... perdu.

C'est Brunet, Brunet, Brunet, etc.

De plus d'une pièce légère,
Sans le talent de cet acteur,
On n'entendrait pas au parterre
Demander le nom de l'auteur.

S'il faut rendre un service,
Sans aucun intérêt,
Vite qu'on l'avertisse,
Brunet
Est toujours prêt.

C'est Brunet, Brunet, Brunet
Qui nous fait rire
Et qu'on admire !
Oui, Brunet
Toujours nous plaît,
Son talent est parfait.
M. BELLE.

L'OCCASION FAIT LE LARRON.

AIR : *Tenez, moi je suis un bonhomme.*

LE brigandage est à la mode ;
Il faut voler, il faut piller ;
C'est le moyen le plus commode
De s'enrichir et de briller :
Au spectacle ainsi qu'à l'église,
Au palais ainsi qu'au Perron,
On a pris partout pour devise :
L'occasion fait le larron.

Au Pinde, pour prendre racine,
Plus d'un poëte, fin renard,
A pillé Corneille et Racine,
A pillé Molière et Regnard.
Dans mes chansons si l'on m'accuse
De piller Panard ou Piron,
Que mon refrain soit mon excuse :
L'occasion fait le larron.

Partout on trompe, on dévalise ;
On volerait je ne sais où.
Que voit-on parfois à l'église ?
Jeune coquette et vieux filou.
Tandis que le pasteur démontre
Sa morale dans un sermon,
L'un prend un cœur, l'autre une montre :
L'occasion fait le larron.

Au palais vous savez qu'on gruge
Les veuves et les orphelins ;
Et cependant c'est là qu'on juge
Les maladroits et les coquins :
Pendant qu'on se bat, qu'on se roule
Pour voir condamner un fripon,
Trente se glissent dans la foule :
L'occasion fait le larron.

La loterie et les tontines,
Les maisons de prêt et de jeux
Sont des écoles de rapines
Et le tombeau des malheureux :
Un novice veut tout connaître :
Il y reçoit mainte leçon,
Et bientôt il est passé maître :
L'occasion fait le larron.

Butin d'amour seul m'intéresse ;
Vive ce genre de larcin !
D'un ami je prends la maîtresse,
Et la femme de mon voisin :
En vain je voudrais être sage
Auprès d'un aimable tendron ;
Le voisin dort, l'ami voyage :
L'occasion fait le larron.

Moi, j'approuve ces vieux adages :
Les batailles font des héros ;
L'expérience fait les sages,
Et les richesses font les sots ;
Les louanges font la coquette ;
Le champagne fait le luron ;
La nature fait le poëte ;
L'occasion fait le larron.

Mais des voleurs le plus avide,
Le plus barbare, c'est le temps :
Souvent, dans sa course rapide,
Il moisonne nos plus beaux ans :
Demain il nous prendra peut-être;
Vidons jusqu'au dernier flacon;
Méfions-nous de ce vieux raître :
L'occasion fait le larron.

M. Francis.

BONHEUR PASSÉ NE REVIENT PLUS.

Air : *On dit que je suis sans malice.*

Conservons bien la souvenance
Des premiers temps de notre enfance;
On trouve, dans le souvenir,
Moins de peine que de plaisir !...
Au bonheur il sert de boussole,
Ou de nos maux il nous console;
Mais point de regrets superflus,
Bonheur passé ne revient plus !

Aux beaux jours de mon ignorance,
Je ressentis auprès d'Hortense,
Un certain émoi précurseur,
Des besoins qu'éprouvait mon cœur...
Tourmens d'innocente tendresse,
Pourquoi ne durez-vous sans cesse?...
Mais les regrets sont superflus :
Bonheur passé ne revient plus.

Pressé par un bouillant délire,
Je ne songeais plus qu'à m'instruire ;
Et dans le temple du plaisir,
Je fus conduit par le désir !...
Ivresse, ivresse délectable,
Que n'êtes-vous donc plus durable !...
Mais les regrets sont superflus :
Bonheur passé ne revient plus.

Je sentis mes désirs renaître,
Et d'apprenti devenu maître,
Je marquais chacun de mes jours,
Par dix offrandes aux amours !
Fier de ma valeur éprouvée !
Je marchais la tête levée...
Mais les regrets sont superflus :
Bonheur passé ne revient plus.

Las des délices de la vie,
Pour en finir je me marie...
Ma femme, au gré de mes souhaits,
M'offre bonté, vertus, attraits ;
Oui, mais il manque à mon ivresse,
Qu'elle soit encor ma maîtresse !...
Tous les regrets sont superflus :
Bonheur passé ne revient plus.

On peut demander à ma femme,
Si j'ai bien su chanter ma gamme !
Elle a pensé que les amours
Par moi seraient chantés toujours....
Hélas ! j'ai trompé son attente,
Maintenant c'est elle qui chante :
Tous les regrets sont superflus :
Bonheur passé ne revient plus.

M. RAMOND.

AVIS AUX AMANS,

AVIS AUX GUERRIERS,

AVIS A TOUT LE MONDE.

Air : *Au clair de la lune.*

Amant d'une belle
Amansque Martis,
Assis auprès d'elle,
In pugnâ fortis,
Suivez par sagesse
Hoc consilium :
Verre en main sans cesse,
Bibite vinum.

Bacchus à Cythère
Vires excitat ;
Utile à la guerre,
Virtutem parat.

Puisqu'ensemble il donne
Vires, virtutem,
Buvons de la tonne
Sacrum liquorem.

Être avec les belles
Prudens nimiùm,
C'est manquer près d'elles
Bonum momentum.
La crainte importune
Vino pereat;
Toujours la fortune
Audaces juvat.

Pour toi quelle gloire
Ebrius miles,
Quand avant de boire
Viceris hostes!
Tout, lorsqu'on voit trouble,
Videtur duplex!
L'honneur paraît double
Periclum simplex.

Amis, sachons prendre
Magnam crateram,
Et sachons la rendre
Liquore plenam;

Ainsi la souffrance,
Et curæ tristes,
Nous quittant d'avance,
Ibunt ad patres.

M. FULGENCE.

LE DÉBITEUR A LA MODE.

AIR : *Tout le long, le long de la bedaine.*

Calculant sur le bout du doigt,
Récapitulant ce qu'il doit,
Figeac, qui sent sa bourse vide,
A plus d'un créancier avide,
Dit en prenant un air humain :
« Mon ami, repassez demain. »
Et c'est ainsi que Figeac les promène
Tout le long, le long, le long de la semaine,
Tout le long, le long de la semaine.

« Payez-moi mes mois de leçons,
» Payez-moi mon drap, mes façons ;

» Payez-moi ma paire de bottes,
» Payez-moi toutes vos ribottes;
« Payez-nous, » répètent en chœur
Danseur, tailleur, bottier, traiteur.
« De jour en jour mons Figeac nous promène
» Tout le long, le long, le long de la semaine,
» Tout le long, le long de la semaine. »

Mais les semaines font des mois,
Et ses créanciers aux abois,
Renouvelant leurs doléances,
Pour moitié proposent quittances,
Quand, tout à coup, au jour de l'an,
Figeac dépose son bilan,
Et dans Paris, tranquille se promène
Tout le long, le long, le long de la semaine,
Tout le long, le long de la semaine.

M. Armand-Séville.

LA CIRCONSTANCE.

Air : *Comme on fait son lit on se couche.*

Que nos poëtes à talens,
Et qui jamais ne se déguisent,
Contre les riches et les grands
Dirigent les traits qu'ils aiguisent;
Moi je suis un timide auteur,
Et de mon siècle, en conséquence,
Voulant me mettre à la hauteur,
Je vais chanter la *circonstance*.

Tels aux cris de *vive le roi !*
Nous prônent l'état monarchique,
Qui, s'écriant : *Vive la Loi !*
Jadis vantaient la république.
Ils ont changé de sentimens;
Mais ce n'est point par inconstance;
Car ils furent dans tous les temps
Partisans de la *circonstance*.

Chacun médit de la beauté
Quand de chacun elle est chérie ;
L'un blâme sa légèreté,
Et l'autre sa coquetterie.
Pour moi, de ce sexe charmant
Veut-on savoir ce que je pense ?
Il est volage, par penchant,
Et fidèle... par *circonstance*.

Monsieur *Mathieu* se travestit
Et change de masque à toute heure ;
Il rit aux éclats si l'on rit ;
Son œil se mouille si l'on pleure.
Son air est humble ou patelin,
Ou bien rempli de suffisance.
Monsieur *Mathieu* possède enfin
Un visage de *circonstance*.

Dorival, d'une pension
Obtient la faveur précieuse,
Et de plus, la protection
D'une excellence généreuse.
Vous croyez qu'on les lui devait
Pour quelque ouvrage d'importance :
Or, savez-vous ce qu'il a fait ?
Une pièce de *circonstance*.

Souvent d'un chanteur ennuyeux
Pour six couplets on n'est pas quitte ;
Mais parfois pour fermer les yeux,
De ses longs refrains on profite.
Quant à moi, je ne dis plus rien ;
Et c'est agir avec prudence ;
Car vous alliez, je le vois bien,
Profiter de la *circonstance*.

M. Armand Overnay.

LA RÉMINISCENCE,

OU

L'AMOUREUX ENRHUMÉ.

Air : *Contentons-nous d'une seule bouteille.*

Depuis dix ans tu sais si ma constance,
Ma chère Annette, a payé ton ardeur ?
Si tu perdis par moi ton innocence,
Si j'eus tes gants, je te donnai mon cœur.

Le tien déjà se rendait en cachette ;
Mais pour la forme il fallait refuser ;
Tu t'en souviens, allons, ma chère Annette,
Une pastille et le dernier baiser.

Tu résistais depuis une quinzaine,
Quand je te vis, sur la fin d'un beau jour,
Seulette assise au bord d'une fontaine,
Mélancolique et rêvant à l'amour :
J'osai t'offrir une simple fleurette,
Qu'à ton corset j'eus le droit de poser ;
Tu t'en souviens, allons, ma chère Annette,
Une pastille et le dernier baiser.

Je te disais les tourmens de ma flamme,
Et sur mon sein ton sein était penché ;
Tes doux regards répondaient à mon âme ;
Bientôt de fleurs le gazon fut jonché :
Un cri rendit ma victoire complette,
Tu sais combien je sus en abuser,
Tu t'en souviens, allons, ma chère Annette,
Une pastille et le dernier baiser.

Ah ! dans mes bras je crois te voir encore :
Ce souvenir m'a rendu ma santé ;

Viens apaiser le feu qui me dévore;
L'encens sera digne de ta beauté.
Va, ne crains point une injure secrette,
Tout me sourit; mais tu dois te presser;
Ne tarde plus : allons, ma chère Annette,
Une pastille et le dernier baiser.

Annette, hélas! pourquoi te faire attendre?
J'avais raison de craindre ta lenteur;
En vain tu veux, ingénieuse et tendre,
Rendre à mes sens leur première chaleur :
Je le vois trop, sur ma triste couchette,
L'Amour ce soir ne doit point reposer,
Après ma toux, nous nous verrons, Annette,
Une pastille et le dernier baiser.

M. JUSTIN BOUISSON.

L'ESPÉRANCE. (1)

Musique de M. Ch. de Mélian.

Je croyais trouver le bonheur
Sous les lois de l'indifférence;
Mais pour moi ce fut une erreur,
Et j'ai vu fuir cette espérance.

Ah! désormais pour être heureux,
Puis-je vivre sans ta présence?
J'aime, et j'ai puisé dans tes yeux
Brûlans désirs, douce espérance.

Quand à mon délire amoureux,
Ta raison impose silence,
Survivrai-je à mon sort affreux,
Sans les bienfaits de l'espérance?

---

(1) Cette romance est tirée du Conteur des Dames, ou les Soirées parisiennes, du même auteur, 2 vol. in-12. A Paris, chez Madame Ve Lepetit, libraire, rue Hautefeuille, n°. 30.

Toi qui m'inspiras tant d'amour,
Idole que mon cœur encense,
D'obtenir un tendre retour
Ne me ravis pas l'espérance.

Las! du destin si les décrets
Doivent flétrir mon existence,
Ah! pour adoucir mes regrets,
Qu'il me reste au moins l'espérance!

M. P. J. Charrin.

J'EN VEUX RIRE.

Air : *Moi je flâne.*

J'en veux rire, (*bis.*)
Qu'on m'accuse de médire,
J'en veux rire, (*bis.*)
Me blâmera
Qui voudra.

Si je vois l'épais Damis,
Dans le char de l'opulence,
Affecter d'une excellence
Les grands airs et les mépris,

Moi qui sais son origine,
Et qui le vis autrefois
Officier... d'une cuisine,
A quarante écus par mois,
    J'en veux rire, etc.

Lisette a l'air langoureux,
Sa taille est vraiment divine,
Et sa démarche enfantine
En impose à tous les yeux;
Lui parle-t-on d'amourette,
La rougeur est sur son front;
Mais je l'ai vue en cachette,
Et sans lui faire d'affront,
    J'en veux rire, etc.

Que Cléante, vieux gouteux,
Épouse une jeune femme,
Et que la belle, en son âme,
Brûle en secret d'autres feux;
Lasse d'un triste esclavage,
Qu'avec un joli blondin,
En attendant le veuvage,
Elle charme son destin:
    J'en veux rire, etc.

Que l'ambitieux Melcour,
Sans mérite et sans naissance,
Saisissant la circonstance;
Rampe et se glisse à la cour;
Adroit, cauteleux, pour plaire,
Qu'il flatte tous les partis;
Et qu'un jour au ministère
Il arrive tout surpris,

   J'en veux rire, etc.

Que Dorimont, plat auteur,
Pillant Racine et Voltaire,
Offre une œuvre littéraire
Aux bravos du spectateur;
Que sa pièce somnifère
N'obtienne que des sifflets;
Qu'on n'applaudisse au parterre
Que les larcins qu'il a faits,

   J'en veux rire, etc.

Pour complaire à la grandeur
Et s'avancer dans le monde,
Que Valcour prête à la ronde
Ses filles à Monseigneur,
Que des faveurs qu'il réclame
Leur déshonneur soit le prix;

Qu'il cède jusqu'à sa femme
Pour obtenir des amis,
  J'en veux rire, etc.

Quand je vois tant de travers,
D'intrigues et de bassesse,
Dégrader l'humaine espèce
Sur ce mobile univers ;
D'abord d'un trait de satire
Je voudrais la corriger,
Bientôt je dis, las d'écrire,
Puisqu'on n'y peut rien changer :

  J'en veux rire,   (*bis*.)
Qu'on m'accuse de médire,
  J'en veux rire,   (*bis*.)
  Me blâmera
   Qui voudra.

M. P. Béchu.

P'TIT BONHOMME GRANDIRA.

Couplets pour l'anniversaire de la naissance du duc de Bordeaux.

Air : *Tout ça passe en même temps.*

D'un air presque triomphant,
On nous dit : Quelle imprudence !
Fonder sur un faible enfant
L'espoir de toute la France !...
Dieudonné, notre espérance,
Est encore, on sait cela,
Bien petit... mais patience,
P'tit bonhomme (*ter*) grandira.

A l'oreille l'on nous dit,
Sans qu'ici je vous le nomme,
Un autre là bas grandit,
Et sera bientôt un homme !...
Nous, sans aller dire à Rome,
Qu'Henri le rattrapera,
Nous répétons : P'tit bonhomme,
P'tit bonhomme (*ter*) grandira !

Petit poisson devient grand,
Lorsque Dieu lui prête vie,
Et le ciel nous est garant
D'une existence chérie.
Sur l'auguste dynastie
Dieu sans cesse veillera....
Pour l'honneur et la patrie,
P'tit bonhomme (*ter*) grandira.

Pour tenir avec orgueil
Un sceptre sur cette terre,
Pour aller près d'un cercueil
Porter son humble prière...
Pour aimer sa noble mère,
Qui seule lui restera,
Las! et pour pleurer son père,
P'tit bonhomme (*ter*) grandira.

Par son amour pour la paix
Il voudra qu'on le renomme,
Et du sang de ses sujets
Sera toujours économe.
En un mot, il fera comme
Ses aïeux ont fait déjà....
Pour être un jour un grand homme,
P'tit bonhomme (*ter*) grandira !

M. F. DE COURCY.

VIVENT LES ENFANS DE MOMUS.

Air : *Restez, restez, troupe jolie.*

Chez nos grands, la cérémonie
Prépare toujours le couvert,
Et jamais l'aimable saillie
Ne vient égayer le dessert.
Chacun dévore, sans rien dire,
Les mets apprêtés par Comus ;
Mais à table voulons-nous rire,
Vivent les soupers de Momus !

Fi d'un buveur qu'une bouteille
Fait culbuter dans un repas ;
Mes amis, le jus de la treille
A cet homme ne convient pas.
J'aime ces buveurs dont la gloire
Est de tenir tête à Bacchus ;
Vous les connaissez... et pour boire,
Vivent les enfans de Momus !

Mondor se verse à rase verre
Pour rimer un couplet malin,
Mais il épuiserait Madère
Avant de trouver un refrain.
Son or, qui séduit la coquette,
Ne peut influencer Phébus ;
Et pour tourner la chansonnette,
Vivent les enfans de Momus !

Un moment la grande taverne
A mes yeux offrit un désert :
Un crêpe voilait sa lanterne,
On n'y tenait plus de concert.
Sous Lenglet (1) tout reprend la vie
Dans les ateliers de Comus ;
Aux salons revient la folie
Avec les enfans de Momus.

M. Casimir Josselin.

---

(1) Élève de Beauvilliers et son second successeur.

JE N'EN JURERAIS PAS.

Air *de la Partie carrée.*

Par mes parens, dès ma tendre jeunesse,
J'ouïs souvent blâmer les faux sermens :
Imitateur de leur délicatesse,
Je m'en abstins jusqu'à cinq ou six ans.
Plus tard, reçu dans les cercles des belles,
Lorsque mes yeux convoitaient leurs appas,
Ai-je toujours fait de même auprès d'elles ?...
    Je n'en jurerais pas.

Je me souviens qu'une chaleur brûlante
Pendant un mois dévora les guérêts ;
Privé d'une eau parfois trop abondante,
Chacun séchait, c'est le cas ou jamais.
Un beau matin l'augure vint promettre,
Qu'aux oraisons le ciel tendrait les bras ;
Avait-il vu changer le baromètre ?
    Je n'en jurerais pas.

Combien de gens vont répétant : *Je jure*,
Pour obtenir quelques nouveaux emplois !
Avec ces mots débités en mesure,
Ils sont admis dans le palais des rois.
Ces messieurs-là prétendent, pour leur gloire,
Que leurs sermens sont exempts de faux pas.
Du temps passé gardent-ils la mémoire ?
  Je n'en jurerais pas.

Fils de Momus, dans votre académie
Puis-je aspirer au rang de bachelier ?
Ce titre-là charmerait plus ma vie
Que le brevet de certain chevalier.
Je promettrais de fréquenter le temple
Du dieu Bacchus, chéri dans nos climats,
De votre esprit s'il faut suivre l'exemple ;
  Je n'en jurerais pas.

M. Victor Desrosiers.

ÇA VAUT TOUJOURS MIEUX QUE RIEN.

Air : *Dam' ma mère est-c' que j' sais ça.*

J'aurais bien, pour être sage,
Passé tristement mes jours
Loin du dieu du mariage
Et loin du dieu des amours ;
Mais de faire ma conquête
Ils ont trouvé le moyen :
J'ai ma femme... et puis Lisette :
Ça vaut toujours mieux que rien.

Pour éloigner la tristesse,
Vous qui vivez en lurons,
Videz sans qu'il y paraisse
Vos dix ou douze flacons.
Pour moi, sans faire merveille,
En modeste épicurien,
Je ne bois que ma bouteille :
Ça vaut toujours mieux que rien.

Certain jour, prouvant mon zèle
A fille au gentil minois,
Mon cœur, pour plaire à la belle,
Soupira jusqu'à dix fois;
Si je bornais là ma flamme,
Ce serait peu, j'en convien.
— C'est égal, me dit la dame :
Ça vaut toujours mieux que rien.

Nourri de mauvais exemples,
Je fuyais les gens pieux,
Je fuyais même les temples
Où l'on encense nos dieux;
Je l'avoue avec franchise,
Aujourd'hui, meilleur chrétien,
Je passe devant l'église :
Ça vaut toujours mieux que rien.

Sauf à mon traiteur modeste,
Mon tailleur et mon bottier,
Je ne dois, je vous l'atteste,
Pas un sou dans mon quartier.
Mais, calculant mes dépenses,
Dès qu'ils réclament leur bien,
Je les paie.... en espérances :
Ça vaut toujours mieux que rien.

La pauvreté m'importune,
Je m'adresse à toi, Plutus ;
Toi qui donnes la fortune,
Donne-moi cent mille écus.
Quoi ! cent mille écus de rente ?
— Oui ; tu refuses.... eh bien !
Ne m'en donne que cinquante,
Ça vaut toujours mieux que rien.

Je méprise la paresse,
Et je plains les fainéans ;
Leur éternelle tristesse
Nous prouve trop leurs tourmens.
Aussi craignant leur délire
Je m'occupe en galérien....
Mais c'est à chanter et rire :
Ça vaut toujours mieux que rien.

M. Combes jeune.

LE BAISER.

Air : *J'ai vu le Parnasse des Dames.*

Sur le gazon, dans la prairie,
Lycas, au déclin d'un beau jour,
Demandait à sa douce amie
Le salaire de son amour.
Elle se tait ; c'est faire entendre
Que son ami peut tout oser ;
Lycas aimait d'amour bien tendre,
Il se contenta d'un baiser.

O volupté ! bonheur suprême !
Combien leurs cœurs furent émus !
Un baiser vaut mieux quand on aime,
Que tout, sitôt qu'on n'aime plus.
Couple charmant, dans ton délire,
Garde-toi bien de tout oser ;
Ce doux moment doit te suffire :
On est heureux par un baiser.

Mais plein du feu qui le dévore,
Lycas, heureux et non content,
Se plaint, demande, et veut encore...
Hélas! nous en ferions autant.
De Chloris l'œil humide et tendre
Lui dit qu'il peut encore oser;
Mais cette fois, ce qu'il sut prendre
Ne se nomme pas un baiser.

Depuis ce jour j'entends la belle,
Dire partout avec douleur,
Que son Lycas est infidèle,
Qu'il l'abandonne à son malheur.
Je plains l'ennui qui te dévore;
Mais hélas! pourquoi tout oser?
Ton Lycas t'aimerait encore
S'il n'avait reçu qu'un baiser.

Et vous, si près d'une maîtresse
Vous sentez croître le désir,
Ah! prolongez sa douce ivresse,
Sachez qu'attendre, c'est jouir.
Malgré le feu qui vous dévore,
Gardez-vous bien de trop oser;
Vous aimerez demain encore,
Si vous n'obtenez qu'un baiser.

M. HOFFMAN.

LE JALOUX PUNI.

IMITATION DE L'ANTHOLOGIE.

Pourquoi ce berger téméraire
Vient-il, près de toi, tous les jours,
Sous cet ombrage solitaire
Qui fut témoin de nos amours ?
Des fleurs, à ton corsage il place les prémices ;
Ton œil étincelant exprime le plaisir ;
Par des mots caressans, d'agaçantes malices,
Tu sembles dans son être attiser le désir.
Tu ne crains donc pas de ta mère
Les regards fins et pénétrans,
Ou qu'une indiscrète bergère
Ne te surprenne en ces jeux imprudens ?
Quoi ! Lalagée, il se hasarde même
Jusqu'à te ravir un baiser !
Et, loin de te fâcher de son audace extrême,
Tu parais la favoriser !
D'un sein qui vivement palpite
Sa bouche effleure le satin ;

Quand un plus doux espoir l'agite,
Toi, tu souris à son larcin!!!
L'ai-je bien vu?... trop perfide maîtresse!
Craignons pourtant un éclat indiscret :
Je n'irai point, pour punir ta faiblesse,
Vanter ma honte, en disant ton secret...
Figure-toi mes cruelles alarmes !
Que n'as-tu lu dans le fond de mon cœur !
Quels ont été mon désespoir, mes larmes!
De ce maudit berger, ah!.combien le bonheu
Jetait de trouble en mon âme souffrante !
Et qu'il l'eût payé cher, sans les ménagemens
Que le plus trompé des amans
Pour toi conserve encor, trop infidèle amante.

— Je savais, lui dit en riant
La malicieuse bergère,
Que t'enveloppant de mystère,
Tu m'épiais obstinément.
A se venger le soupçon sollicite :
J'ai voulu punir un jaloux.
Si j'eusse écouté mon courroux,
Pour la peur, mon ami, tu n'en serais pas quitte

M. J. Dusaulchoy.

PAIE JEAN-JEAN.

Couplets chantés à un banquet payé par M. ***, qui avait joué en société le rôle de *Jean-Jean* dans les *Petites bonnes d'enfans.*

Air : *J'ons un curé patriote.*

Chez *Martin*, traiteur que j'aime,
Trouvant notre couvert mis,
Pour fêter la mi-carême
Je viens avec les amis.
Les *p'tit's bonnes* seront là ;
Le *sapeur* répétera :
 Pay', *Jean-Jean*,   (bis.)
Ne nous laisse pas en plan,
Ne va pas nous laisser en plan.

(*Reprise en chœur.*)
Pay', *Jean-Jean*, etc.

Bien qu'il soit soldat novice,
Rendons justice à *Jean-Jean* ;
Il s'entend bien au *service*
Et com'mand joliment.

Son dîner est excellent,
Jean-Jean, j'en suis fort content...
    Pay', Jean-Jean, etc.

Soit qu'il chante, ou qu'il raisonne,
Nous voyons l'ami *Jean-Jean*
Bien *payer* de sa personne
Pour l'esprit et le talent.
Quand il tient son instrument (1)
On lui dit, comme à présent :
    Pay', Jean-Jean, etc.

Jean-Jean, auprès de sa femme
A l'hymen *payant* tribut,
Très-souvent, dit-on, s'enflamme,
Et va toujours droit au but.
La dame en ce doux moment
Lui répète tendrement :
    Pay', Jean-Jean, etc.

Quand l'amitié nous rassemble,
Narguons soucis et chagrin,

---

(1) Non-seulement il a une jolie voix, mais il joue de la flûte d'une manière très-agréable.

Et retrouvons-nous ensemble
Toujours le verre à la main.
Puissions-nous enfin céans
Chanter encor dans trente ans :
  Pay', Jean-Jean,   (*bis.*)
Ne nous laisse pas en plan,
Ne va pas nous laisser en plan.

M. COUPART.

FRANCHISE ET FIDÉLITÉ.

AIR : *Fidèle époux, franc militaire.*
(De l'Officier de fortune.)

FRANÇAIS, nous voulons la franchise,
Elle nous vient de nos aïeux ;
La vaillance, ils nous l'ont transmise,
Et nous sommes vaillans comme eux :
Qu'un seul cri dans toute la France
Soit entendu, soit répété !
A la franchise, à la vaillance,
Joignons tous la fidélité.

Nobles guerriers, à ce langage
Vos esprits sont accoutumés,
Et vos cœurs le sont davantage;
Car à l'honneur ils sont formés :
Le serment qu'aura fait la France
Dans vos rangs sera répété :
A la franchise, à la vaillance,
Joignons tous la fidélité.

Jeunesse long-temps asservie
Par un démon perturbateur,
Vous, l'espoir de votre patrie,
Et les soutiens de sa grandeur,
Le serment qu'aura fait la France,
Parmi nous sera répété :
A la franchise, à la vaillance
Joignons tous la fidèlité.

M. Lemarchant.

LA FÊTE DES ROIS.

Air de la contredanse de la *Rosière*.
Ou : *l'Ombre s'évapore*.

Des rois c'est la fête,
La table s'apprête,
Je vois la galette;
Qui sera le roi?
On coupe, on partage,
Chacun fait ravage,
C'est monsieur, je gage,
C'est lui, non, c'est moi.

La part s'entame,
Le roi se pâme,
On le proclame
Monarque soudain;
Puis sur son trône
On le couronne;
Pour huile on donne
Un verre de vin.

Le roi se tourmente,
Mainte reine tente
Son âme inconstante
Et son cœur banal.
Chaque belle endève;
Le roi cherche et rêve;
Mais enfin la fève
Est dans le crystal.

Heureux empire!
Joyeux délire!
Rien ne conspire
Contre un si bon roi;
Moins fou qu'à Sparte,
Sur une carte
Toute sa charte
Gît dans cette loi:

« On doit rire et plaire,
» Bien vider son verre,
» Ne faire la guerre
» Qu'aux hôtes des bois.
» Soyez bons, sincères,
» Sur l'honneur sévères;
» Voilà, mes chers frères,
» Mon code et vos droits. »

Point de furie,
De tyrannie,
De flatterie,
De cruels projets :
Joie et franchise
C'est la devise
Seule de mise
Parmi nos sujets.

Un roi sur la terre
Souvent ne sait faire
Qu'une horrible guerre
Ou d'affreux complots ;
Ici la Folie
A Momus s'allie,
Et le mal s'oublie
Au bruit des grelots.

O diadème !
Bonheur suprême !
Dit en soi-même
Le peuple hébété,
Vain étalage,
Riche esclavage,
Telle est l'image
De la majesté.

Armes meurtrières,
Artilleurs, barrières,
Soldats, mousquetaires
Veillent pour les rois ;
Chez nous point de garde,
Point de hallebarde ;
C'est l'amour qui garde
Le prince et ses lois.

Le vin pétille,
L'esprit scintille,
La gaîté brille,
Et chaque sujet
Monte sa lyre,
Puis en délire
Adresse au Sire
Un joyeux couplet.

Moins triste et maussade
Que le discours fade
Que dit par saccade
Un froid orateur,
Le couplet s'élance,
Babille en cadence,
Et sans importance
Est lu par l'auteur.

Usage unique,
Repas bachique,
Fête comique,
On doit t'honorer.
Amis, aux mages
Rendons hommages;
Ce sont des sages
Qu'il faut révérer.

M. J. F. H. MARIE.

LE DIABLE.

AIR : *De la croisée*.

CÉLADONS, chantez vos amours,
Chevaliers, chantez vos prouesses,
Dans vos tristes vers, troubadours,
Célébrez vos tristes maîtresses.
Chacun son goût : moi j'aime mieux
Traiter un sujet moins traitable :
A d'autres je laisse les dieux,
 Je vais chanter *le diable*.

Du diable l'éternel pouvoir,
Ici-bas est incontestable ;
Chaque jour, du matin au soir,
On entend invoquer le diable :
Par le diable l'on est tenté
Auprès d'une fillette aimable ;
Et maint poltron à son côté,
   Croit toujours *voir le diable*.

Son empire est universel,
Oui, partout le diable se glisse;
Au méchant il donne le fiel,
Au sexe il donne la malice;
Il entrave chaque projet;
Sur tous les points il nous harcèle,
Et quand on réussit mal, c'est
   Que *le diable s'en mèle*.

D'un franc luron, on dit souvent:
Le gaillard est assez *bon diable ;*
D'un honnête homme sans argent,
Chacun dit : c'est *un pauvre diable*
Et lorsqu'à plus riche que soi
L'on tend une main secourable,
Cela s'appelle, je le croi,
   Faire l'aumône au diable.

Amis, soyons gais et joyeux,
Loin de nous repoussons la gêne;
Rions, chantons à qui mieux mieux.
Buvons toujours à tasse pleine;
Et si quelqu'ennuyeux pédant
S'en vient frapper à notre porte,
Chassons-le vite en lui criant :
    Va! *le diable t'emporte!*

Vous rimez, bien grands sont vos torts;
Votre chanson est détestable.
— C'est vrai, mais *j'ai la diable au corps*
Et fais les couplets *à la diable.*
Pourtant, montrez-vous indulgent,
Ah! critique, soyez traitable,
Si non je vais, en finissant,
    Vous *envoyer au diable.*

M. D. J. F. CHERONNET.

MAXIME D'UN PARASITE.

Air : *C'était la fête de Sylvie.*

Que même un sot vous fasse fête,
Voilà celui qu'il faut flatter.
Apprenez que mieux il vous traite,
Et mieux vous devez le traiter.

CONSEILS AUX ATRABILAIRES.

Air : *En revenant du village.*

A l'ennui pour vous soustraire,
  Esprits
  Aigris,
  Contrits,
 De fiel pétris,
Rangez-vous sous la bannière
 De Bacchus et des Ris.

Jouir est l'unique affaire
 Qui pour leurs favoris,
  Ait quelque prix ;
Peines, chagrins et misère
 De chez eux sont proscrits,
A l'ennui pour vous soustraire, etc.

Par l'humeur attrabilaire
 Les teints les plus fleuris
  Sont amaigris ;
Le plaisir orne au contraire
 Tout, jusqu'aux cheveux gris.
 A l'ennui, etc.

Si votre femme est légère,
  Vous jetez les hauts cris,
    Pauvres maris ;
Croyez-moi, prenez un verre,
  Et vous serez guéris.
A l'ennui, etc.

Mahomet, que l'on révère,
  A rempli ses écrits
    D'amphigouris ;
Mais il était sûr de plaire
  En créant ses houris.
A l'ennui, etc.

A ces gens d'humeur austère
  Qu'on ne voit jamais gris,
    Ventre saint-gris !
Mes amis, moi je préfère
  Ces lurons bien nourris.
A l'ennui pour vous soustraire,
    Esprits
    Aigris,
    Contrits,
  De fiel pétris,
Rangez-vous sous la bannière
  De Bacchus et des Ris.

M. Armand-Séville.

LE BÉARNAIS.

CHANT FRANÇAIS.

Air : *Le magistrat irréprochable.*

Pour chanter l'honneur et la gloire
Choisissant un refrain chéri,
Ma muse sera la victoire,
Et mon héros mon bon Henri.
Inspiré par ce nom que j'aime,
Je serais plus sûr du succès
Si je pouvais chanter moi-même
Comme chantait le Béarnais.

Plus d'un noble trait se rattache
Au souvenir de sa valeur :
D'Henri voyez le blanc panache
Flotter au chemin de l'honneur:
Pour fixer toujours la victoire
Sous l'étendard cher aux Français,
Combattons comme aux jours de gloire
Combattait notre Béarnais.

Un guerrier dans les champs d'Aumale
Avait blessé le bon Henri ;
Reçu dans sa garde royale
Du héros il était chéri.
Avec plaisir il montrait l'homme
Qui l'avait serré de plus près ;
Et d'un ennemi voilà comme
Se vengeait notre Béarnais.

Aux combats, guerrier indomptable,
A la cour monarque galant,
Henri, joyeux convive à table,
Triomphait encore en buvant.
Amis, buvons à sa mémoire,
Si chère à tous les cœurs français ;
Et, pour le coup, tâchons de boire
Comme buvait le Béarnais !

M. Eugène de Pradel.

LE PLAISIR DANS UN PETIT LIEU

ET

LE BON VIN DANS UN GRAND VERRE.

AIR : *Quand je vois les gens, ici-bas.*

Je fuis les grands appartemens,
Où le plaisir est à la gêne,
Et les petits verres charmans
Qu'on vide sans reprendre haleine.
Je préfère, j'en fais l'aveu,
Près de la beauté qui m'est chère,
Le plaisir dans un petit lieu,
Et le bon vin dans un grand verre. } *Bis.*

Froids censeurs, docteurs mécontens,
Qui, vous plaignant de toute chose,
Oteriez les ailes au temps
Et les épines à la rose :
Tout est bien, rendez grâce à Dieu,
Qui nous fait trouver sur la terre
Le plaisir dans un petit lieu,
Et le bon vin dans un grand verre. } *Bis.*

Si l'hiver arrive à grands pas
Nous montrer sa triste figure,
Que sa vue ajoute aux appas
D'une volupté douce et pure :
Alors que, devant un bon feu,
On trouve, en faisant bonne chère,
Du plaisir dans un petit lieu, ⎫ *Bis.*
Et du bon vin dans un grand verre. ⎭

Des richesses ou des honneurs
Bannissons l'envie importune ;
Restons paisibles spectateurs
Des caprices de la fortune ;
Sachons être contens de peu,
Si nous avons pour nous distraire
Du plaisir dans un petit lieu, ⎫ *Bis.*
Et du bon vin dans un grand verre. ⎭

Les Parques tiennent le fuseau
De mon existence ignorée ;
Je ne sais si mon écheveau
Doit être de longue durée ;
Mais son terme m'importe peu
Si j'ai, durant ma vie entière,
Du plaisir dans un petit lieu, ⎫ *Bis.*
Et du bon vin dans un grand verre. ⎭

Amis, dans un petit endroit
J'aime à vous recevoir sans faste;
Mais si mon local est étroit,
En revanche ma coupe est vaste.
Aussi, plus fortuné qu'un dieu,
Ai-je, grâce à ce jour prospère,
Du plaisir dans un petit lieu,
Et du bon vin dans un grand verre. } *Bis.*

M. T. Hayet.

FOIN DES PARTIS!

NE SONGEONS QU'A TRINQUER.

Air du vaudeville de la *Partie-Carrée*.

Assez long-temps l'austère politique
Nous étourdit de ses tristes débats :
Tout occupés de la chose publique,
Nous disputons, et nous ne buvons pas ;
Au dieu du thyrse à présent infidèles,
Pour ses plaisirs nous montrons du dédain :
Cherchons, amis, l'oubli de nos querelles
 Dans les flots d'un bon vin.

Que les partis se tourmentent, s'agitent,
Mes chers amis, laissons-les se choquer :
A guerroyer quand leurs fureurs s'excitent,
Plus sages qu'eux, ne songeons qu'à trinquer.
Rions, chantons, et, si l'on nous demande
De quel parti nous suivons le destin,
Nous répondrons : De la joyeuse bande
　　Qui chérit le bon vin.

Fêtons gaîment le doux jus de la vigne,
Sans rechercher de trompeuses faveurs :
Du nom d'*ultra* s'il faut qu'on nous désigne,
Que l'on ajoute : Ils sont ultra-buveurs.
Les traits heureux que l'aï nous suggère
De bouche en bouche iront voler demain :
Mes bons amis, j'aime qu'on exagère
　　Quand il s'agit de vin.

Qu'en s'échappant la mousse pétillante
De la gaîté nous donne le signal ;
Et qu'en versant cette liqueur brillante,
Chacun de nous se montre *libéral !*
A notre gloire, à notre indépendance,
Avec transport buvons jusqu'au matin !
Buvons surtout au bonheur de la France,
　　Si fertile en bon vin.

Entre Français détruisons tout divorce,
Et d'un vin frais arrosons l'olivier :
D'un peuple heureux l'union fait la force,
Et la concorde en est le bouclier.
Formons le vœu que désormais les nobles
Bien franchement embrassent les vilains,
Et qu'avec eux, de leurs riches vignobles
  Ils partagent les vins.

Ah ! croyez-moi, cette liqueur chérie
Fut, en tout temps, l'âme de nos succès !
Aimer le vin, c'est aimer la patrie ;
Un bon buveur est toujours bon français.
Pour bien combattre, il faut apprendre à boire,
Et tout soldat, qui d'un laurier lointain
Flatte son cœur amoureux de la gloire,
  Doit honorer le vin.

M. Auguste Moufle.

L'EMPRUNT AMOUREUX.

Air : *Daigne écouter l'amant fidèle et tendre.*

Qu'un seul baiser soit enfin mon salaire !
Belle Clara, je le regarderai
Tout comme un prêt que tu voudras me faire,
Car il est sûr que je te le rendrai.

SI TU VOULAIS!

Couplets à Mademoiselle Adèle ***.

Air du *Galoubet*.

Si tu voulais, (*bis.*)
De mes maux te peignant les causes,
Je te dirais
Mes vœux discrets.
A mes soucis mêlant des roses,
Combien je t'apprendrais de choses,
Si tu voulais! (*bis.*)

Si tu voulais, (*bis.*)
Bannissant ma mélancolie,
Je me dirais :
Trêve aux regrets!
Vite, rappelons la folie!
Moi si pressé, toi si jolie!...
Si tu voulais! (*bis.*)

Si tu voulais,   (*bis.*)
Du temps qui fuit à tire d'aile
Bravant les traits,
Je te dirais
Comment en chevalier fidèle,
Je l'emploîrais auprès d'Adèle,
Si tu voulais.   (*bis.*)

Si tu voulais   (*bis.*)
Quitter ta rigueur assassine,
Je te dirais,
Sans tant d'apprêts,
Comment de ma belle cousine
Je ferais ma proche voisine,
Si tu voulais.   (*bis.*)

Si tu voulais,   (*bis.*)
De ce baiser qui t'effarouche
Je te dirais
Les doux secrets...
Ah! que sans prendre ainsi la mouche,
Tu me fermerais bien la bouche,
Si tu voulais!   (*bis.*)

Si tu voulais,   (*bis.*)
Te parcourant à l'aventure,

      Je redirais
      Tes mille attraits ;
Mais pour animer la peinture
J'observerais mieux la nature,
      Si tu voulais.   (*bis.*)

      Si tu voulais,   (*bis.*)
Sur les trésors de ton corsage
      Je m'étendrais,
      Et puis après
Viendrait le plus joli passage,
Et puis après, je serais sage...
      Si tu voulais !   (*bis.*)

ENVOI.

      Si tu voulais,   (*bis.*)
Prenant pitié de mon martyre,
      Tu me dirais,
      D'un peu plus près,
Ce que tes beaux yeux semblent dire :
« Tu serais heureux, pauvre sire,
  » Si tu voulais ! »   (*bis.*)

          M. Jacinte Leclerc.

SI TU VOULAIS!!!

ROMANCE.

Mal que j'ignore
Fait mes douleurs,
Il me dévore
Je brûle et meurs.
Las ! c'est à peine
Si je vivais.....
Ah! douce Hélène,
Si tu voulais !!!

Gens de science
M'ont fait sentir
Que ma souffrance
Pouvait finir,
Quand tendre chaîne
Je formerais.....
Ah! douce Hélène
Si tu voulais !!!

Du sort funeste
Que vais trouver
Regard céleste
Peut me sauver ;
Où, dans ma peine
Le chercherais.....
Ah! douce Hélène
Si tu voulais!!!

On me conseille
Pour guérison
« Bouche vermeille,
» Presqu'en bouton ».
Cure certaine
Suivra de près.....
Ah! douce Hélène
Si tu voulais!!!

Bientôt ma vie
Refleurirait,
Si gente amie.
Là me disait :
« Mon cœur s'enchaîne
» A tout jamais. »
Ah! douce Hélène
Si tu voulais!!!

Dans le mystère
Je cacherais
L'art de te plaire,
Si je l'avais ;
Au seul vieux chêne
Je l'apprendrais.....
Ah ! douce Hélène,
Si tu voulais !!!

M. Théaulon.

LE JOURNAL.

Air : *Eh ! ma mère est-ce que j'sais ça.*

Dans un asile champêtre
Moi, je vis tranquillement,
Mais tout savoir tout connaître,
Voilà quel est mon penchant :
Aussi, sans bouger de place,
En fait de bien et de mal,
Pour savoir ce qui se passe,
Je m'en rapporte au journal.

Délaissant la politique,
Je vois que dans ses essais
Un jeune auteur romantique,
Obtient de brillans succès ;
Le roman qu'il vient de faire
Pour le mérite est égal,
A ceux que faisait Voltaire.....
Je m'en rapporte au journal.

Un docteur, savant sans doute,
Vient enfin de découvrir
Un moyen qui, de la goutte,
Peut à l'instant nous guérir,
Ses drogues ne sont pas fades
Et sans leur faire aucun mal,
Il guérit tous ses malades.....
Je m'en rapporte au journal.

Un rédacteur avec zèle,
Dans un article fort beau,
Me rend un compte fidèle
D'un chansonnier tout nouveau.
Oui, c'est (dit-il à son aise,)
Vraiment un petit régal :
Pas une chanson mauvaise.....
Je m'en rapporte au journal.

J'apprends qu'un millionnaire,
Demain se fait enterrer ;
Et laisse.... O tristesse amère !
Des neveux pour le pleurer ;
Chacun d'eux, chose louable,
Sensible à ce coup fatal,
Doit rester inconsolable...
Je m'en rapporte au journal.

Je lis, qu'obtenant la grâce
Qu'il sollicita long-temps,
Damis possède une place,
Digne prix de ses talens.
« Jamais le mérite en France,
» (C'est un avis général,)
» Ne resta sans récompense....»
Je m'en rapporte au journal.

Mais plus de choses sinistres,
Plus de conspiration ;
Chez les grands, chez les ministres,
Non plus de mutation.
Enfin, tout dans ma patrie,
Prend un aspect triomphal :
Commerce, gloire, industrie....
Je m'en rapporte au journal.

M. Arnal.

LES BAISERS D'UNE AMANTE.

Air : *Que ne suis-je encore un enfant !*
Ou : *Nous sommes précepteurs d'amour.*

Que tous les baumes si vantés,
Trésors de l'opulente Asie,
Répandent, par les cieux dotés,
L'odeur suave d'Ambroisie.

Que l'abeille chaque matin,
Des fleurs butinant les prémices,
Puise un nectar presque divin
Dans le sein de leurs frais calices.

Aimez l'agréable incarnat
Que la rose naïve étale ;
Et qu'elle charme l'odorat
Par le doux parfum qu'elle exhale.

Ah ! bien plus doux est le plaisir
Qui naît des baisers d'une amante !
Par eux la flamme du désir
Satisfaite en est plus brûlante.

Tout dans vos sens est volupté,
Près de l'objet qui vous enchaîne,
Si vous savourez, enchanté,
Le souffle pur de son haleine.

M. J. Dusaulchoy.

A NOTRE AMI DÉSAUGIERS,

CHANSON DE CIRCONSTANCE.

Air : *Du délire d'Érigone (de Lélu.)*

Fils de Momus, dans ton heureux délire,
Par tes chansons, charme encore aujourdhui ;
D'Anacréon, tu possèdes la lyre,
Tu dois chanter aussi long-temps que lui.

En toi mettant leur espérance,
Nous savons tous que les neuf sœurs
Ont embelli ton existence
En te comblant de leurs faveurs ;
Lorsque leur voix t'appelle encor près d'elles,
Amant ingrat ! tu les délaisserais !...

Toi, franc luron! négliger des pucelles!
Non, tes amis ne le croiront jamais.
Fils de Momus, etc.

 Tout fiers malgré leur impuissance
 Tels rimeurs qu'on pourrait citer,
 Voudraient te réduire au silence,
 Afin de se faire écouter;
Esprits brillans! hommes par trop célèbres!
Nous croyons voir dans ce projet nouveau,
Pour l'éclipser, les anges des ténèbres
Forçant Phœbus d'éteindre son flambeau.
Fils de Momus, etc.

 Ah! de la faveur passagère
 Ne craint pas les goûts inconstans:
 Ta muse et badine et légère
 N'a rien à redouter du temps.
Ne sait-on pas qu'au temple de mémoire
Tu parviendras au gré de tes désirs;
Tes vers charmans suffisent pour ta gloire,
Mais chante encore, amis, pour nos plaisirs.
Fils de Momus, etc.

 Au fond du boudoir de nos belles
 Sous le chaume du villageois,

Tes chansons sans cesse nouvelles
Occupent toujours les cent voix.
Au Louvre même, ainsi que par la ville,
Chacun sourit et redit ton couplet.
Dans ce concert, l'écho du vaudeville,
Serait le seul qui resterait muet !

Fils de Momus, etc.

La nacelle, au zéphyr docile,
Qui porte cet enfant malin,
Qu'on appelle le Vaudeville,
Ne peut pas rester en chemin ;
Il m'en souvient, sa gaîté nous fût chère
Quand le malheur eût dû nous attrister ;
Et l'on voudrait le forcer à se taire,
Quand plus heureux le Français doit chanter!

Fils de Momus, etc.

D'Apollon briguant l'héritage,
Ne disputons pas sur nos droits,
Et dans un si noble partage
De l'amitié suivons les lois :
Le dieu des arts fuit les discords contraires ;
De la paix seule il cherche les douceurs ;

Mes chers amis, vivons comme des frères,
Puisqu'on nous dit que les muses sont sœurs.
Fils de Momus, etc.

MM. Fulgence, P. Ledoux et Ramond.

LE CŒUR.

Air : *C'est l'amour, l'amour, l'amour.*

C'est le cœur (*ter.*)
Qui guide le monde
A la ronde :
On ne trouve le bonheur
Qu'en cédant à son cœur.

Fuyons ce sot attrabilaire,
Égoïste et fâcheux censeur ;
L'homme d'un joyeux caractère
Communique à tous son humeur.
S'il fait avec mystère,
Quelque bonne action,
Qui le porte à la faire
Sans ostentation ?
C'est le cœur, etc.

Ce fanfaron, par sa jactance,
Veut passer pour homme d'honneur;
D'un brave il prend la contenance
Et se targue de sa valeur
    Mais, malgré son courage
    Il endure un affront!
    Pour venger cet outrage,
    Que lui manque-t-il donc?
    C'est le cœur, etc.

Voyez cette gente fillette :
Au bois va l'attendre un voleur.
De loin, la pauvre enfant lui jette
Son or en tremblant de frayeur.
    Le rusé vient tout rendre
    En rassurant Lison.
    Que voulait donc lui prendre
    Ce généreux fripon?

    C'est le cœur (*ter.*)
    Qui guide le monde
    A la ronde;
On ne trouve le bonheur
Qu'en cédant à son cœur.

M. Jules Vernet.

AU MOIS DE MAI.

Air connu.

Joli mois de mai qu'on regrette toujours,
Ramène la verdure et mes chères amours.

Quatre mois encor doit vivre loin de moi
Celle qu'en mai dernier j'assurai de ma foi !
  Aux roses du matin
  J'ai comparé son teint;
  Par ses fraîches couleurs
  Il surpassait les fleurs.

Joli mois de mai...

On dansa, le soir, à l'ombre de l'ormeau;
Son joli petit pied conquit tout le hameau ;
  Mais quand ce vint minuit,
  Vers son humble réduit
  De l'objet plein d'appas
  Moi seul guidai les pas.

Joli mois de mai...

Dès le lendemain le peuple ailé des bois
Nous guetta sous leur ombre une seconde fois.
    Plus tremblant que jamais
    Je lui dis qui j'aimais,
    Et sa bouche à l'instant
    Daigna m'en dire autant.
Joli mois de mai...

Rose purpurine ornait son joli sein;
Par l'amour inspiré je commis un larcin.
    On cria tout d'abord....
    On se plaignit moins fort...
    Et deux boutons plus frais
    Furent vus d'aussi près.
Joli mois de mai...

Le bruit d'un baiser descendit jusqu'à nous.
Quand il vient des oiseaux cet exemple est bien doux !
    Un soupir m'échappa,
    Un autre me frappa,
    Et de tant d'amoureux
    Je fus le plus heureux.
Joli mois de mai, qu'on regrette toujours.
Ramène la verdure et mes chères amours.

                        M. Félix.

L'ANGELUS.

Air nouveau de M. Romagnési.
Ou : *Femmes voulez-vous éprouver.*

L'ermite du hameau voisin
Disait souvent aux bergerettes :
Pour éloigner l'esprit malin
Ma cloche a des vertus secrètes ;
N'ayez recours aux *oremus*
S'il se met à votre poursuite :
Lorsque sonnera l'*angelus*
Vous le verrez prendre la fuite.

Annette qui croyait cela
Sans crainte aux champs allait seulette ;
Lucas survient et le voilà
Qui veut égarer la pauvrette.
« Viens, disait-il ; ces bois touffus
« Nous offrent un si doux ombrage... »
Par bonheur sonna l'*angelus*,
Annette revint au village.

Au même lieu, le lendemain,
L'orage grondait sur sa tête.
Elle fuyait, lorsque soudain
Lucas s'offrit aux yeux d'Annette.
Bientôt Annette ne fuit plus ;
Jamais Lucas ne fut si tendre...
Vainement sonna l'*angelus*,
L'orage empêcha de l'entendre.

Depuis ce jour elle gémit,
Car Lucas devint infidèle.
Souvent en pleurant elle dit
Aux bergères simples comme elle :
« A l'ermite ne croyez plus,
» Et si vous voulez être sage
» Ne vous fiez à l'*angelus*,
» Mais craignez les bois et l'orage. »

M. Justin Gensoul.

LA PAIX ET L'AMOUR.

AIR : *Au soin que je prends de ma gloire.*

Vous, à qui plaît le bruit des armes,
Qui de Mars aimez les travaux,
Sachez qu'en semant les alarmes
Il n'est pour vous plus de repos.
Un laurier vaut-il qu'on s'expose
Jeune encore, à perdre le jour.
Doit-il faire oublier la rose
Qui fut le berceau de l'amour.

Venez plutôt, venez sans cesse,
Rire avec nous en liberté,
Et nous ferons dans notre ivresse
Seulement assaut de gaîté.
C'est la marche d'une furie,
Qu'annonce le bruit du tambour ;
Mais le grelot de la folie
Appelle les jeux et l'amour.

Chez Vénus, un plus doux service
Peut contenter votre désir ;
Enrôlez-vous dans sa milice,
Son porte-enseigne est le plaisir.
Chacun de vous, cherchant à plaire,
Comme fait gentil troubadour,
Doit aux fatigues de la guerre
Préférer celles de l'amour.

M. A. J. P. Briand.

IL FAUT SE TAIRE.

Air: *De ma chaumière.*

Il faut se taire (*bis.*)
Sur bien des bruits que l'on entend ;
Pour s'épargner plus d'une affaire,
Et pour vivre heureux et content,
  Il faut se taire. (*bis.*)

Il faut se taire,
Sur les intrigans, les cafards ;
A l'ennui veut-on se soustraire ?
Avec les sots et les bavards,
  Il faut se taire.

Il faut se taire
Pour éviter mille embarras ;
Sur le budjet, le ministère,
Les libéraux et les ultras,
    Il faut se taire.

Il faut se taire
Sur la vertu de nos laïs ;
Sur l'honneur de tel dignitaire,
Sur le bonheur de nos maris,
    Il faut se taire.

Il faut se taire
Sur la plupart de nos auteurs ;
Sur les beautés du *Solitaire*,
Sur les claqueurs et les censeurs,
    Il faut se taire.

Il faut se taire
Lorsque l'on est las de chanter ;
J'entends déjà plus d'un confrère
En chœur avec moi répéter:
    Il faut se taire.

M. COUPART.

A CYNTHIE.

ÉLÉGIE.

Couche brûlante encor de ma flamme amoureuse,
O nuit, charmante nuit, nuit à jamais heureuse,
Salut ! et toi flambeau qui brillais près de nous,
Éclairas-tu jamais des entretiens plus doux !
Et quand tes feux mourans cédaient à la nuit sombre,
A de plus doux combats prêta-t-elle son ombre !
Tantôt d'un sein brûlant on me livre les lis,
Tantôt d'un lin léger on m'oppose les plis :
Je m'endors, un baiser me rouvre la paupière,
C'est elle, c'est Cynthie ! en mes bras je la serre;
Jusqu'à l'heure où Phébus remonte sur son char,
D'un éternel baiser nous buvons le nectar.

L'Amour avec succès combat à la lumière ;
Car c'est l'œil qui conduit les flèches de Cythère.
Si Pâris pour Hélène embrasa tant d'états,
Ah ! c'est qu'il la vit nue au lit de Ménélas !
C'est nu qu'Endymion des nuits charma la reine,
Nus tous deux, des amours ils formèrent la chaîne.

Si dans tes vêtemens ton lit t'offre à mes yeux,
J'irai mettre en lambeaux ces voiles odieux,
Et si je ne commande aux feux de ma colère,
Je meurtrirai tes bras, dût en pleurer ta mère !
Et cependant ton sein, fait pour la volupté,
Des fureurs de Lucine est encor respecté !
Enivrons-nous d'amour, il en est temps encore !
Bientôt va se lever notre dernière aurore.
Déjà sur l'horizon de l'éternelle nuit
Je vois le crépuscule ; aimons-nous, le temps fuit.
De nos amours, Cynthie, éternisons la chaîne ;
Toujours unis, du temps bravons la rage vaine.
Aux nids des tourtereaux apprends la chasteté,
Imite leur tendresse et leur fidélité.
Les sincères amours toujours sont éternelles :
Au soc du laboureur les plaines infidèles
Se couvriront de fruits inconnus à Cérès ;
Le dauphin se joûra dans les flots des guérets ;
Les tranquilles ruisseaux regagneront vers leur source
Et sur le char des nuits Phébus prendra sa course
Avant qu'une étrangère ait fait fléchir ma foi :
O dieux ! vivant ou mort je ne serai qu'à toi !
Encore quelques nuits de ces doux sacrifices,
Et j'aurai trop vécu ! dans des flots de délices
Je deviens immortel ! une nuit sur ton sein
D'un amant fortuné fait un être divin !

Sous les pampres en fleur, sur la couche des belles,
Que ne reposons-nous ! entre nos mains cruelles
Ne luirait pas le fer ! Sous les flots écumans
Actium n'aurait pas roulé nos ossemens !
De victoires sans nombre enfin Rome accablée,
Ne triompherait plus sanglante, échevelée !
Notre gloire fera l'orgueil de nos neveux,
Je le sais ; mais Bacchus offense-t-il les dieux ?
La jeunesse a ses fruits, cueillons-les, le temps presse ;
Rends-moi mille baisers, j'en ai soif, et sans cesse ;
Ainsi qu'une couronne aux riantes couleurs,
A la fin d'un banquet, voit effeuiller ses fleurs,
Peut-être à peu de jours nos amours sont bornées,
Un soir effeuillera la fleur de nos années.

M. Denne-Baron.

MOYEN DE FAIRE FORTUNE.

Air : *Je ne suis né ni roi ni prince.*

Paul, sans talent et sans ressource,
Souvent à sec voyait sa bourse :
Il est aujourd'hui grand seigneur !
D'où ce changement peut-il naître ?
C'est que sans être homme d'honneur,
Paul avait l'art de le paraître.

M. J. D.

C'EST ÇA.

CHANSONNETTE,

Avec accompagnement de vin de Champagne.

Air : *Tontaine, tonton.*

Mes amis, on veut que je chante :
A-t-on du Champagne? — En voilà.
C'est ça, c'est ça, mes amis, c'est ça.
Voyons : sa mousse pétillante
Me charme et m'inspire déjà :
C'est ça, mes amis, c'est ça.

On poursuit le bonheur sans cesse ;
Mais Bacchus nous dit : le voilà.
C'est ça, c'est ça, mes amis, c'est ça.
Rang, dignité, crédit, richesse,
Dans ma bouteille, tout est là ;
C'est ça, mes amis, c'est ça.

Gare! pan! pan! le bouchon vole ;
Vite, buvons ; le vin s'en va :
C'est ça, c'est ça, mes amis, c'est ça.

De plaisir nous tenons école ;
Argumentons sur ce fait-là :
   C'est ça, mes amis, c'est ça.

Je crois qu'Amour, ce petit drôle,
Sommeillait dans ce flacon-là :
C'est ça, c'est ça, mes amis, c'est ça.
Je l'ai gobé, sur ma parole ;
Dans mon cœur je le sens déjà :
   C'est ça, mes amis, c'est ça.

Fripon, tu désertes Cythère ;
Eh bien ! on t'y reconduira :
C'est ça, c'est ça, mes amis, c'est ça.
Je veux ce soir, à ma bergère,
Remettre ce polisson-là :
   C'est ça, mes amis, c'est ça.

    M. le chev. COUPÉ DE ST.-DONAT.

VOILA L' FRANÇAIS

OU JE N' M'Y CONNAIS PAS.

Air : *Matin et soir travaille avec courage.*
  (Des Chevilles de maître Adam.)

A la beauté toujours chercher à plaire,
Par mille soins devenir son vainqueur;
Et du regret, voilant la coupe amère,
Du vrai plaisir lui vanter la douceur;
Donner ses jours à l'aimable folie;
De vingt objets convoiter les appas,
Parer de fleurs le banquet de la vie :
Voilà l' Français, ou je n' m'y connais pas.

Cher aux neuf sœurs, au sommet du Parnasse,
Saisir la palme aux yeux de ses rivaux,
Et tour à tour, sage ou rempli d'audace,
Les éclipser par d'illustres travaux;
Pouvoir compter plus d'un brillant génie,
Vainqueur du temps, même après le trépas,
Chanter son Dieu, son prince et sa patrie :
Voilà l' Français, ou je n' m'y connais pas.

Enfant chéri de Mars et de la Gloire,
Orner son front de durables lauriers,
Et, satisfait de vivre dans l'histoire,
Être à jamais l'exemple des guerriers;
A la valeur joindre la bienfaisance
Pour adoucir les horreurs des combats;
Dans les revers, montrer de la constance :
Voilà l' Français, ou je n' m'y connais pas.

Lorsque l'Anglais, fier d'un jour de victoire,
A nos héros dit de mettre armes bas,
Tel fut leur cri d'éternelle mémoire :
La garde meurt, elle ne se rend pas !
De ces guerriers, que pleure la patrie,
Qui n'envîrait l'honorable trépas !
Sur leur tombeau que tout mortel s'écrie :
Voilà l' Français, ou je n' m'y connais pas.

A la gaîté comme aux amours fidèle,
Chanter Bacchus et son nectar divin,
Par le plaisir vaincre la plus rebelle
Et de ses jours bannir le noir chagrin;
Joyeux, dispos, s'endormir sous la treille
Pour faire trêve à nos sanglans débats,
Voir le bonheur au fond d'une bouteille :
Voilà l' Français, ou je n' m'y connais pas.

Lorsque du temps la voix triste et sévère
M'ordonnera de partir d'ici-bas,
J'emporterai ma bouteille et mon verre,
Et ma gaîté ne me quittera pas;
En arrivant sur les rivages sombres,
Je veux chanter vin, amour, jeux, combats,
Et faire dire aux infernales ombres :
Voilà l' Français, ou je n' m'y connais pas !

M. P. Béchu.

TOUT DÉPEND DE LA MANIÈRE DE VOIR.

Air : *De Tarare Pompon.*

Il est plus d'un faquin
  Que partout on renomme.
  Tel qu'on dit honnête homme
N'est qu'un rusé coquin.
  Sur une même affaire
  L'un dit blanc, l'autre noir :
  Tout dépend d'la manière
    De voir.

L'un, n'aimant pas le vin,
Dit que l'eau de la Seine
Est plus pure et plus saine
Que le jus du raisin ;
L'autre dit que la bière
Doit encor prévaloir :
Çà dépend d'la manière
   De voir.

La vieille *Ursule*, un jour,
Disait : j'ai quelque grâce ;
Si j'en crois cette glace,
Ma taille est faite au tour.
On disait en arrière
En dépit du miroir :
Çà dépend d'la manière
   De voir.

Un époux un peu vieux,
Dit la prude *Constance*,
A plus de complaisance
Qu'un jeune, et vaut bien mieux.
Tout bas la jeune *Claire*
Répète avec espoir :
Ça dépend d'la manière
   De voir.

« Tout va mal ici-bas,
» Dit la philosophie :
» Peut-on chérir la vie
» Et craindre le trépas ?
» La paix est toute entière
» Dans le sombre manoir : »
— Ça dépend d'la manière
 De voir.

Ces couplets sont charmans :
Voyez comme j'allie
La grâce à la folie,
La verve aux agrémens.
Amis, si j'exagère,
On ne peut m'en vouloir :
Tout dépend d'la manière
 De voir.

M. Armand Overnay.

JE RIS DU QU'EN DIRA-T-ON.

Air : *Sans mentir.*

Partout bannissant la gêne,
Partout je suis sans façon ;
Je ne bois qu'à tasse pleine,
Je bois pur, je bois du bon.   (*bis.*)
De Momus, joyeux confrère,
J'ai pris Bacchus pour patron ;
Je marche sous sa bannière,
Prêchant toujours la leçon
D'un garçon, franc luron
Qui rit du qu'en dira-t-on.

Aujourd'hui la politique
Chez nous remplace l'esprit ;
A discuter on s'applique
Sans savoir ce que l'on dit.   (*bis.*)
Je ne me fends point la tête
A commenter l'oraison
D'un rédacteur de gazette :
Ai-je tort ? ai-je raison.
    Franc luron.   (*bis.*)
Je ris du qu'en dira-t-on.

Je plains ce mangeur maussade
Que je vois dans un repas,
Faire avec un air malade
La grimace à tous les plats.
Lorsqu'à dîner, l'on m'invite,
Chaque mets me paraît bon;
Je l'avale tout de suite,
Dût-on me croire un glouton.
  Franc luron,   (*bis.*)
Je ris du qu'en dira-t-on.

Esclave né de la mode,
Voyez donc le fat Gercourt,
Point d'habit qui l'accommode;
Il est trop long ou trop court :
Mais pour moi, vaille que vaille,
Sans regarder la façon,
Pourvu qu'il soit à ma taille,
Un habit est toujours bon
  Franc luron,   (*bis.*)
Je ris du qu'en dira-t-on.

Quel est donc ce gobe-mouche ?
C'est le frais monsieur Damis,
A peine ouvre-t-il la bouche,
Lorsqu'il est près de Cloris. (*bis.*)
Quand je tiens une fillette,

Je la presse dans mes bras
Et fais vite à la poulette...
L'éloge de ses appas.
  Franc luron,   (*bis.*)
Je ris du qu'en dira-t-on.

Après un festin splendide,
Au mépris de la gaîté,
C'est l'ennui, qui seul préside
La belle société.   (*bis.*)
En dépit de l'étiquette
Et du glacial bon ton,
Mieux vaut rire à la guinguette
Que bâiller dans un salon.
  Franc luron   (*bis.*)
Je ris du qu'en dira-t-on.

Pour peindre mon caractère,
Je vous donne sept couplets;
Un autre aurait pu mieux faire,
Enfin qu'importe ils sont faits;
Et si votre esprit sévère,
Cherche à blâmer ma chanson,
Je dis en prenant mon verre,
Qu'on la trouve bonne ou non :
  Franc luron   (*bis.*)
Je ris du qu'en dira-t-on.

M. D. J. F. Cheronnet.

LE ROI DE LA FÈVE.

Air : *La bonne aventure ô gué !*

Factieux de tous partis,
　Dans votre arrogance,
Rêvez de nouveaux écrits
　Pour troubler la France ;
Je le dis de bonne foi,
J'aime cent fois mieux le roi...
　Le roi de la fève
　　O gué !
　Le roi de la fève.

Rendre heureux tous ses sujets,
　Voilà son histoire :
Bacchus fait pour ses décrets,
　Des refrains à boire.
Il n'inspire point d'effroi,
Et chacun bénit le roi...
　Le roi de la fève
　　O gué !
　Le roi de la fève.

Ce paisible souverain,
　N'aime point la guerre ;

S'il attaque son voisin,
  C'est à coups de verre,
Point de partis sous sa loi,
Tous chantent vive le roi!...
    Le roi de la fève
      O gué !
    Le roi de la fève.

Aujourd'hui des potentats,
  Si puissans naguère,
Reçoivent de leurs soldats,
  Des lois ou la guerre;
Chez eux, ils ne sont ma foi,
Pas plus maîtres que le roi...
    Le roi de la fève,
      O gué !
    Le roi de la fève.

Un monarque ambitieux
  Qui perd sa couronne,
Sans pitié trouve les dieux,
  Chacun l'abandonne;
Mais s'il nous manquait... vous, moi,
Nous regretterions le roi...
    Le roi de la fève
      O gué !
    Le roi de la fève.

M. Casimir Josselin.

LES SUISSES.

Réponse à la chansonnette *Point d'argent, point de Suisses*, insérée dans notre recueil de 1821. (1)

Air : *J'ai vu le Parnasse des dames.*

Le dieu dont la voix vous rallie
Parmi nous a plus d'un autel ;
Momus, tu viens en Helvétie
Réjouir les enfans de Tell.
Mais, unissant sous son empire
La décence et la liberté ,
Jamais l'accent de la satire
Ne souilla nos chants de gaîté.

---

(1) L'auteur de cette chanson, qui peut être est un descendant du Petit-Jean des *Plaideurs*, a pris au sérieux une plaisanterie sans conséquence. L'insertion de sa réponse lui prouvera que notre opinion ne diffère pas de la sienne concernant la brave nation dont il fait partie.

Avec vous, gagnant des provinces,
Nous partageâmes vos lauriers;
Nous sûmes mourir pour vos princes
Et le salut de vos guerriers;
Sur l'airain, l'histoire burine,
Français, nos généreux exploits
Aux rives de la Bérésine,
Au seuil du palais de vos rois.

Ce chansonnier qui nous méprise,
Qui rabaisse notre valeur,
N'a vu de Suisses qu'à l'église,
Et jamais au champ de l'honneur;
De la gloire de nos ancêtres
En vain il se montre jaloux :
Chez l'étranger servant des maîtres,
Nous n'en souffrons aucun chez nous.

Bien loin qu'un si funeste exemple,
Momus, puisse nous entraîner,
Le méchant banni de ton temple
N'y viendra point le profaner :
L'injure a pour nous peu de charmes,
Sachons pourtant la repousser;
Pour nous défendre ayons des armes,
N'en ayons point pour offenser.

M. Petit-Jean fils, de Genève.

HENRI LE PARISIEN.

RONDE A DANSER LONG-TEMPS.

DÉDIÉE AU PEUPLE DE PARIS.

Air : *Mesdemoisell's, voulez-vous danser ?*

Viv' Henri cinq le parisien,
  L'espérance
  De notre France.
Viv' Henri cinq le parisien,
Notre auguste concitoyen !

Un roi f'sait chanter à nos pères,
En leur rendant des jours prospères,
Viv' Henri quatr' le *béarnais*,
Et nous chanterons désormais :
Viv' Henri cinq le parisien, etc.

En naissant c' petit diable à quatre
Suça de l'ail comme Henri quatre,
Et cet ail, morguenne ! fut pris
A notre Halle de Paris !
Viv' Henri cinq le parisien, etc.

Puisqu'il est né dans cette ville,
Faut espérer, qu' pour domicile,
Il gardera son logement
Du premier arrondissement.
Viv' Henri cinq le parisien, etc.

Son logement, faut êtr' sincère,
Est un peu loin de la chaumière;
Mais Henri s'ra comm' ses aïeux
L' voisin de tous les malheureux.
Viv' Henri cinq le parisien, etc.

Aussi, morguenn'! quell' gaîté franche!
De Marseille au détroit d' la Manche,
Et d'puis la Garonn' jusqu'au Rhin
Les pauvres ont pris pour refrain :
Viv' Henri cinq le parisien, etc.

Méchans, si vous l'êtes encore,
Fait's surtout qu'il vous ignore;
Car ce p'tit envoyé du ciel
Est venu pour la Saint-Michel.
Viv' Henri cinq le parisien, etc.

Nos fils, soldats de sa couronne,
Un jour entoureront son trône;

N' pouvant jouir d'un sort si beau,
Dansons autour de son berceau.
Viv' Henri cinq le parisien,
L'espérance
De notre France !
Viv' Henri cinq le parisien,
Notre auguste concitoyen !

JE PUIS CHANTER ENCORE.

CHANSONNETTE.

Air *de la vallée de Barcelonnette.*

Un jour j'avais fait, par malheur,
Fortune à la roulette ;
J'allais vivre comme un seigneur :
Adieu la chansonnette !
Mais l'argent que l'on gagne ainsi
N'est qu'une ombre qui s'évapore ;
J'ai tout reperdu, dieu merci,
Je puis chanter encore.

Jeune veuve aux gentils appas
 M'ayant tourné la tête,
A l'autel on guida nos pas :
 Adieu la chansonnette!
Mais, cédant au commun destin,
Malgré l'art du dieu d'Épidaure,
Du ciel elle a pris le chemin :
 Je puis chanter encore.

Sur le sort de la vigne en fleur
 Mon âme est inquiète;
Plus de gaîté pour le buveur :
 Adieu la chansonnette!
Ranimant le bourgeon flétri
Quelques beaux jours peuvent éclore,
Et d'ailleurs tout n'a point péri :
 Je puis chanter encore.

Je soupire encor malgré moi
 Quand je songe à Lisette,
La cruelle a trahi sa foi :
 Adieu la chansonnette!
Mais, bah! courons offrir nos vœux
Au cœur de Thémire ou d'Isaure;
J'en perds une et j'en trouve deux :
 Je puis chanter encore.

21.

Que maint pécheur devenu vieux,
　　Songeant à la retraite,
Dise, pour mériter les cieux,
　　Adieu la chansonnette!
Pour moi, qui suis loin du déclin,
C'est toujours Momus que j'implore:
Venez, amours, plaisirs, bon vin!
　　Je puis chanter encore.

　　　　　　M. COMBES jeune.

ON N'EN MEURT PAS.

Air : *Faut l'oublier.*

Damon jurait à *Gabrielle*
De l'adorer jusqu'à la mort,
Et déplorait son triste sort;
Car son amante était rebelle :
— « Va, perfide, par mon trépas
Ta cruauté sera punie. »
Gabrielle lui dit : « Hélas!
L'amour est une maladie;
Mais par bonheur on n'en meurt pas.

Esther, gentille bergerette,
Possédait un joli bijou;
Lucas, qui voulait ce joujou,
Un jour le prit à la pauvrette.
Pauvre Esther!.. trop heureux Lucas!..
Mais une vieille qui s'avance,
Tire la belle d'embarras,
Et dit que par expérience
Elle sait bien qu'on n'en meurt pas.

Pierrot, jaloux par caractère,
Mais non pas sans quelque raison,
Un matin d'un joli poupon
Innocemment se trouve père.
Il peste, il jure, il fait fracas!
Un homme qui frappe à sa porte
Lui dit : « Voisin, parlez plus bas;
» Des accidens de cette sorte,
Je suis garant qu'on ne meurt pas. »

Sur le point de faire faillite
Par un revers des plus affreux,
Blinval, commerçant vertueux,
Avant ce temps a pris la fuite.
Chez l'étranger portant ses pas,
Il trouve un ami sur la route,

Bien réjoui, bien gros, bien gras.
L'ami lui dit : « Fais banqueroute ;
» Tu vois par moi, qu'on n'en meurt pas. »

M. Victor S.

MES VOEUX.

Air du vaudeville de *la Danse interrompue.*

Des chansonniers à présent la manie
Est de chanter nos maux et nos revers ;
J'aime bien mieux la touchante harmonie
Que l'on admire en nos antiques vers ;
Ah ! fredonnons, au lieu de tristes plaintes,
De bons couplets badins, vifs, gracieux,
Et des chansons en place de complaintes :
Mes bons amis, voilà ce que je veux.

Je veux revoir sur ma belle patrie
Renaître enfin les jours de l'âge d'or ;
Je veux revoir vers la noble industrie
Chaque Français prendre un sublime essor ;
Je veux revoir exiler l'anarchie,
Et nos proscrits, rendus à tous nos voeux,

Venir défendre encor la monarchie :
Mes bons amis, voilà ce que je veux.

Je veux revoir pour animer ma lyre,
Moins adonnés aux fureurs des partis,
Tous les Français, abjurant leur délire,
Des factions à jamais garantis ;
Ah ! détestant des erreurs passagères,
Je veux revoir ce peuple aimable, heureux,
S'aimer, se dire : *Embrassons-nous, mes frères :*
Mes bons amis, voilà ce que je veux.

Je veux revoir des écrivains sincères,
Et des savans qui sans fard, sans orgueil,
Tendent la main pour aider leurs confrères
A s'éloigner d'un périlleux écueil ;
Je veux revoir des fillettes rebelles,
Et des amans un peu plus amoureux,
De bons maris, des épouses fidèles :
Mes bons amis, voilà ce que je veux.

Lorsque Pluton au ténébreux empire
M'appellera quand finiront mes jours,
Je veux entendre alors frémir la lyre
De nos anciens et joyeux troubadours ;

Près de *Favart*, de *Piron*, de tant d'autres,
Goûter là-bas quelques instans heureux,
Rire et chanter avec ces gais apôtres :
Mes bons amis, voilà ce que je veux.

M. ALEXANDRE.

L'OPTIMISTE.

Air : *Çà n'se peut pas.*

S'IL faut en croire ma nourrice,
Un enfant, le fait est certain,
Par économie ou par vice,
Souvent n'a pas même un parrain.
Mes destins furent plus prospères :
Outre un parrain fort généreux,
J'eus, pour le moins deux ou trois pères :
  C'est fort heureux ! (*bis.*)

 Pour l'homme, Dieu créa la femme ;
Mais à laquelle se fier ?...
Un beau jour, hélas ! je m'enflamme
Pour une vertu du quartier ;

L'amour n'est pas sans amertume;
Je craignis un mal dangereux...
Mais je n'attrapai qu'un gros rhume :
    C'est fort heureux !   (*bis.*)

Comme écrivain je me signale;
Bientôt un mélodrame est prêt;
Mais une ignorante cabale
Le fait tomber sous le sifflet.
Les journaux en parlent bien vite :
On rit... mais je suis plus gai qu'eux :
Ma prose n'est plus inédite :
    C'est fort heureux !   (*bis.*)

Mon voisin le millionnaire
A dîner n'a point d'appétit;
Aussi les vins, la bonne chère,
Ne lui causent que du dépit.
Moi, dont le vin n'est pas potable,
Qui n'eut jamais qu'un plat ou deux,
J'ai faim, même en sortant de table :
    C'est fort heureux !   (*bis.*)

Mes créanciers, gens à manie,
Las de m'assigner vainement,

Enfin, à *Sainte-Pélagie*
M'ont fait écrouer poliment.
J'étais plus malheureux qu'un diable;
Mais grâce à ce soin généreux,
J'ai le feu, le lit et la table :
    C'est fort heureux !   (*bis.*)

        M. Saint-Ange Martin.

L'IMPROMPTU.

A Mademoiselle Minette ✳✳✳.

Air : *J'ai vu le Parnasse des dames.*

Hé quoi ! séduisante Minette,
Quand je contemple tes attraits,
Ces yeux, d'où l'amour, en cachette,
Frappe tous les cœurs de ses traits;
Cette bouche fraîche et mignonne,
Ce petit nez fier et pointu...
Tu veux que ma lyre résonne
Et que je rime un *impromptu* !

D'un sein que ton voile captive,
Quand mon regard suit le contour ;
Quand une trace fugitive
Livre les secrets de l'amour :
Quand au désir je m'abandonne,
Séduit sans avoir combattu,
Il faut que ma lyre résonne
Et que je rime un *impromptu !*

D'un front où siége l'innocence,
Quand j'admire la majesté ;
Ce port, où toujours la décence
S'unit à la noble fierté ;
Ce regard qui dit : *je suis bonne,*
Je ris... mais j'aime la vertu...
Il faut que ma lyre résonne
Et que je rime un *impromptu !*

Ah ! si le maître de la terre,
Usant de ses droits sur ton cœur,
De Minette, un jour, à Cythère,
En moi proclamait le vainqueur !!!
Ivre d'amour pour la plus belle,
Heureux et discret... (m'entends-tu ?)
Je te ferais, tendre et fidèle,
Chaque jour un doux *impromptu !*

M. Félix.

1822.

LE VIN CLAIRET DE JAVOTE.

Air : *Du gros Thomas.*

Tant que je vivrai,
De la fraîche et tendre Javote
Je me souviendrai ;
Son enseigne était *la galiote.*
Pour vendre mieux son vin ,
Par un regard divin ,
Elle enflammait chaque pratique
Qui venait boire à sa boutique.
Ah ! comme on tirait ,
Chez elle, un vin clairet !

Autant de buveurs,
Autant d'amans pour la marchande.
Mais de ses faveurs
Aucun n'avait eu la plus grande.
On pouvait bien oser
Lui prendre un doux baiser ,

Et même redoubler la dose,
En lui prenant quelqu'autre chose...
　　Ah! comme on tirait,
　　Chez elle, un vin clairet!

　　Quand j'eus remarqué
Que Javote, par aventure,
　　Avait reluqué
Mon pied, ma taille et ma figure,
　　Je me dis : sa vertu,
　　C'est autant de vaincu.
Vous allez voir par mon histoire
Ce qu'un jour je fis après boire.
　　Ah! comme on tirait,
　　Chez elle, un vin clairet!

　　Or, un certain soir,
Et Javote n'était pas brave,
　　Il faisait bien noir
Pour descendre alors à la cave;
　　Tout seuls dans la maison,
　　Lui dis-je, avec raison,
Je puis vous servir à merveille
Pour mettre une pièce en bouteille.
　　Ah! comme on tirait,
　　Chez elle, un vin clairet!

Entrés au caveau,
Je presse sa taille élancée,
Et vers le tonneau
Tout doucement je l'ai poussée.
Brûlant et soupirant,
Ma main va s'égarant,
Sur le tonneau je la renverse.
J'étais prêt à tout mettre en perce !
Ah ! comme on tirait,
Chez elle, un vin clairet

Vin nouveau, vin vieux
Ne jaillit pas sans qu'on y touche.
Du jus précieux
L'eau déjà me vient à la bouche.
Mon foret est placé,
Je pousse, j'ai percé.
Ma Javote a perdu la boule ;
Moi, je sens que la liqueur coule.
Ah ! comme on tirait,
Chez elle, un vin clairet !

Quels momens charmans
J'ai passés avec ma Javote !
En dépit du temps,
Son souvenir me ravigote.

Souvent entre deux draps
Rêvant à ses appas,
Et d'une voix entrecoupée,
Je me dis, la main occupée :
Ah ! comme on tirait,
Chez elle, un vin clairet !

M. Eugène de Pradel.

LES PRÉSENS.

ROMANCE

Adressée à ROSE ***, en lui offrant un ÉVENTAIL, des GANTS, des PAPIERS, une LORGNETTE et une BOURSE.

Musique nouvelle de M. Martinn *.
Ou : *Muse des bois et des accords champêtres.*

Lorsque Phébus pour féconder la terre
Apparaîtra sur son char radieux,
De ce tissu l'ombrage tutélaire
Garantira tes charmes de ses feux.

---

* Chez Martinn, marchand de musique, rue de l'École-de-Médecine.

Voit-on languir une fleur demi-close,
Un vent léger la fait épanouir :
Et l'*éventail* aura pour une *rose*
Tout le pouvoir des baisers du zéphyr.

Quand tu voudras de cette main charmante,
A tous les yeux dérober la blancheur ;
Quand tu voudras pour ce bras qui m'enchante
Du sombre hiver tempérer la rigueur,
Rose, sers-toi des *gants* que je te donne;
Mais dès ce jour convenons entre nous
Que tu ne dois les jeter à personne :
De tels défis feraient trop de jaloux.

De ces *papiers* ornés d'une vignette,
Je n'ose point te désigner l'emploi;
Si je craignais que *Rose* fût coquette,
Je lui dirais : Ne t'en sers que pour moi.
Mais le penser serait lui faire injure,
Puisque Minerve a formé son esprit :
A ses sermens peut-on être parjure,
Quand le cœur dicte et que l'Amour écrit ?

Prends ce *bijou* que je crois fort utile
A varier, augmenter tes plaisirs;

Il te fera, sans quitter cet asile,
Franchir l'espace au gré de tes désirs.
Pour éviter jusqu'au moindre reproche,
Pour éloigner de mon cœur tous les maux,
Consacre-moi le côté qui rapproche,
Lorsque de loin tu verras mes rivaux.

Dans cette *bourse* artistement tressée,
Tu placeras un métal protecteur,
Et chaque jour ta belle âme empressée,
Prodiguera des secours au malheur.
A tes genoux une famille entière,
Recevant l'or par ta main présenté,
Croira devoir la fin de sa misère
Aux soins touchans d'une divinité.

M. P.-J. Charrin.

ÉPITAPHE DE M. G. D. L. R.,

Faite de son vivant.

Ci-gît qui rehaussa la gloire de la table.
Au trône des gourmands sa panse l'éleva.
Hélas! il mangea tant qu'enfin il en creva.
Si l'on jeûne aux enfers il mangera le diable.

NARGUE DU CHAGRIN.

Air *des Trembleurs.*

Nargue des soins de la terre,
Et de la sagesse austère,
Qui nous dit d'un ton sévère :
Songez bien au lendemain !
Sans nul souci, sans mémoire,
Comme mon voisin Grégoire,
Je ne pense plus qu'à boire ;
J'ai toujours le verre en main.

En gouvernant bien ma barque,
Je veux que l'affreuse Parque
De la liste me démarque,
Et laisse là mon fuseau ;
Fuyant de la médecine
La dégoûtante cuisine,
Et la science assassine,
Je braverai le tombeau.

Pour conserver mon assiète,
Et pour la rendre parfaite,
De vin vieux de la comète
Je veux remplir mon caveau ;
Et faire, dans une orgie,
En bachique mélodie,
Chanter la palinodie
A plus d'un froid buveur d'eau.

Sur les ronces de la vie
Glissant avec la folie,
Et de la mélancolie
Fuyant le trait assassin,
J'allongerai ma carrière,
Sans craindre l'heure dernière,
Et sauterai la barrière
Sans regret et sans chagrin.

M. A. De Champcour.

AH! SI MA FEMME ME VOYAIT!

Air : *Restez, restez, troupe jolie!*

A ma femme époux infidèle,
Dès l'aube je fuis la maison,
Et cours où le plaisir m'appelle,
Au réduit d'un joli tendron.
Là, sous les ailes du mystère,
Je m'introduis à son chevet;
Et l'hymen reste solitaire...
Ah! si ma femme me voyait!

Lassé d'une amoureuse ivresse,
En secret j'implore Comus;
Car sa puissance enchanteresse
Répare les torts de Vénus.
Henneveu (1) nous met tête à tête
Dans le plus joli cabinet;
Et Bacchus préside à la fête...
Ah! si ma femme me voyait!

---

(1) Restaurateur, au Cadran-Bleu.

Tandis qu'au logis elle gronde,
Nous chantons des refrains joyeux ;
Mais la nuit couvre notre monde,
Bon Comus, reçois nos adieux.
Pour charmer gaîment la veillée,
Volons, ma belle, chez Brunet ;
Et tous deux en loge grillée...
Ah ! si ma femme me voyait !

Adieu, ma belle, minuit sonne,
Il faut chez moi passer la nuit :
Je rentre sans troubler personne,
J'ouvre ma porte à petit bruit :
Je gagne mon lit sans lumière,
Cravatte, habit, tout disparaît,
Et je dis pour toute prière :
Ah ! si ma femme me voyait !

M. Casimir Josselin.

IMITATION DE MARTIAL.

Les vers que tu nous lis, Dorante, sont les miens ;
Mais tu les lis si mal qu'on les prend pour les tiens.

M. A P. D.

BOUT DE PRIÈRE A St.-JEAN.

AIR : *Je suis un chassseur plein d'adresse.*

De Saint-Jean pour chômer la fête
Me mettant l'esprit à l'envers,
Depuis quinze jours je m'apprête
A vous improviser des vers.
Si mon Apollon me seconde
Ils vous séduiront à la ronde;
Oui, chers frères, déjà je sens
Combien ils seront entraînans !
Vous paraissez impatiens
D'applaudir à ces vers charmans,
Mais comme vous je les attends...
Va-t'en voir s'ils viennent Jean !   (bis.)

Que dis-je ? à ce banquet aimable,
Mieux que moi nombre de maçons
Sont faits pour figurer à table,
Par leurs bons mots, par leurs chansons,

De la gaîté joyeux apôtres,
Si l'on peut en rencontrer d'autres
Qui vous surpassent en talens,
En esprit comme en agrémens,
Qui vous surpassent en riant,
Qui vous surpassent en buvant,
Qui vous surpassent en mangeant,
Va-t'en voir s'ils viennent Jean !

Si dans le fracas des affaires,
Parfois j'éprouvai du souci,
C'est vous, chers amis, dignes frères,
Qui m'en dédommagez ici ;
Pour quelques créances maudites,
Victime de maintes poursuites,
Si j'ai vu de certains agens
Les visages désobligeans,
Aujourd'hui près de vous siégeant,
Aucun chagrin ne m'assiégeant,
Je brave recors et sergent !
Va-t'en voir s'ils viennent Jean !

Soit en juillet, soit en octobre,
Un maçon décent et bien né,
Doit se montrer modeste et sobre,
Surtout lorsqu'il a bien dîné !..

Aussi dans cet auguste temple,
Chacun de nous prêche d'exemple,
Nous sommes connus dès long-temps
Pour être sages et prudens,
Mais jamais notre président
Ne nous proposa vainement
Quelques flacons de Frontignan :
Va-t'en voir s'ils viennent Jean !

Voit-on bien des loges en France,
Où pour conduire un atelier,
Le vénérable ait l'assurance
Du vénérable chevalier ?
Pour le banquet et pour la loge,
Également digne d'éloge,
Eut-on jamais en présidant
Son coup d'œil ou son coup de dent.
Et s'il est des gens obligeans
Qui, chez les maçons indigens,
Mieux que lui placent leur argent,
Va-t'en voir s'ils viennent Jean !

M. Étienne Jourdan.

LE DINER

AUX PRÉS SAINT-GERVAIS.

Air : *Voulez-vous savoir l'histoire ?*

Ah ! qu'eu bombanc', nom d'un' pipe !
 J'avons fait z'hier ;
L' croirais-tu, cher la Tulipe,
 Qu' j'en somm's encor' fier !
Ben pus qu' moi tu l' s'rais peut-être,
 Va, si tu savais
Ce qu' c'est qu'un dîner champêtre
 Z'aux prés Saint-Gervais !

La mèr' Simone et Fanchette,
 Mon caniche et moi,
Je somm's partis z'en toilette,
 Y n'y manquait qu' toi ;
Tu sais ben not' vieill' voisine,
 L' gros matou qu'elle avait,
Comme y mangeait notr' cuisine,
 J' l'ons mis en civet.

Et pour rendr' la régalade
   Pus complet', Fanchon
En cachett' fit z'un' salade
   Dans un fin torchon ;
L' soleil aurait pu l'y nuire :
   Par précaution,
Fanchon la mit, sans rien dire,
   Sous son cotillon.

Après moins d' deux heur's de route,
   V'là qu' nous arrivons ;
Primo, j' dis : cassons la croûte,
   Trinquons et buvons ;
Ah ! notr' couvert, sans reproche,
   Était d'un fier ton !
J'avions fait d' nos mouchoirs d' poche
   Un' napp' sus l' gazon.

Quand j'um's vidé queuqu's bouteilles,
   Figur' toi qu' le vin,
F'sant sur nous tous des merveilles,
   J' nous trouvions dans l' train ;
Mais pour nous remettr' un peu comme,
   Hélas ! j' dormions bien,
V'là qu' notr' civet d' chat, mon homme,
   Sert d' pâté z'au chien !

Le premier, moi, je m' réveille,
  C' n'est pas t'étonnant,
L'amour m' disait z'à l'oreille :
  N' dors donc pas, Fanfan !
J' sentis l' poids de c'te parole,
  Fanchon z'était là !
Je m' mis à jouer mon rôle,
  J' dis à la papa !

Pendant c' temps mon amoureuse
  N' soufflait pas t'un mot ;
J' vis qu'all' faisait la dormeuse,
  Quoiqu' je n' sois qu'un sot ;
Ben loin de me chercher noise,
  D' m'arrêter z'en chemin,
Elle aurait dormi, la sournoise,
  J' crois, jusqu'au lend'main !

Ah ! comme à c' jeu-là l' temps passe ;
  Y f'sait déjà nuit,
L' zautr', étendus sus la place,
  S' réveill'nt z'à notr' bruit ;
Mais dans c' moment l'apparence
  Pouvait nous trahir,
J'ons tous les deux, comm' on pense,
  Fait semblant d' dormir.

Après avoir bu la goutte
  Et r'fait notr' paquet,
J'avons repris notre route,
  Chacun satisfait.
Je r'commencerions peut-être
  Dimanche encor, mais
Ça coûte, un dîner champêtre
  Aux prés Saint-Gervais.

M. P. Ledoux.

VOILA L'HOMME QU'IL ME FAUT.

Air: *Eh! ma mère est-c' que j' sais çà.*
  Ou : du Vaudeville de *Lantara*.

Voulez-vous, prudent et sage,
Réussir dans tous les temps ?
Voyez, sans prendre d'ombrage,
Prospérer les intrigans ;
Soyez flatteur plein d'adresse,
Même avec de lourds badaux,
Et chacun dira sans cesse :
Voilà l'homme qu'il me faut !

Mondor que Plutus engraisse
Veut être législateur ;
Il ne sait rien, mais sa caisse
Contient un moyen vainqueur.
» Paul, dit-il, pour qu'on m'admire
» M' fait des discours, et bientôt
» Il doit m'apprendre à les lire :
» Voilà l'homme qu'il me faut. »

Sans qu'il s'en doute ou s'en choque,
Dupe des femmes de bien,
Bénignet, dont on se moque,
Croît ce qu'on dit, ne voit rien.
» Un mari si débonnaire,
» Fût-il encor plus nigaud,
» Est un trésor, dit Glycère :
» Voilà l'homme qu'il me faut. »

Soyez de mâle figure
Et ferme sur le jarret ;
Présentez une encolure
Qui tient ce qu'elle promet :
Lorgnant vos larges épaules,
La plus idiote aussitôt
Dira : « qu' ces signes sont drôles!
» Voilà l'homme qu'il me faut. »

« Sur moi, dit Jean, l'on brocarde ;
» On m' traite d'ignorantin ;
» Mais l' z'écus dont je me barde
» Sont d' l'esprit en magasin.
» Je m' trouv' bien sans que je m' farde :
» Ainsi partout j' parle haut,
» Et je répèt', quand j' me r'garde :
» Voilà l'homme qu'il me faut ! »

Loin de moi l'homme aux courbettes,
Le pédant, le damoiseau,
Des partis les noirs athlètes
Et les pâles buveurs d'eau !
Mais, le soutien des goguettes,
Ami fidèle et cœur chaud,
Ce boute-en-train des fillettes ;
Voilà l'homme qu'il me faut !

Peindre un bon vivant, c'est faire,
Mes amis, votre portrait ;
Vous savez aimer et plaire
Et lancer un malin trait ;
Chez Momus, lorsque j'arrive,
Sans crainte d'être en défaut,
Je dis de chaque convive :
Voilà l'homme qu'il me faut !

M. J. Dusaulchoy.

LA GAUCHE ET LA DROITE.

Air : *A boire je passe ma vie.*

Gens de la cour, gens de la ville,
C'est à qui me tourmentera
Pour composer un vaudeville
Bien *libéral* ou bien *ultra* ;
Mais trop loyal pour qu'on l'embauche,
Momus à part se tient blotti ;
Il pince à *droite*, il pince à *gauche*,
Et ne caresse aucun parti.

Sur tous les sujets, à la ronde,
Heureux de m'exercer gaîment,
En chantant, je fais dans ce monde
Ce qu'à table fait un gourmand ;
Raflant tous les mets qu'il convoite,
Dans un banquet bien assorti,
Il mord à *gauche*, il mord à *droite*,
Et ne ménage aucun parti.

Bacchus, ce libéral antique,
L'ami des peuples et des rois,
Voit à regret la politique
Rendre, hélas ! tous nos dîners froids ;

Mais, dans une aimable débauche,
Lorsqu'il nous tient *tutti-quanti*,
Il verse à *droite*, il verse à *gauche*,
Et ne soutient aucun parti.

Que font à l'enfant de Cythère
Nos vœux et nos projets divers ?
Le dieu malin parcourt la terre,
Pour nous donner à tous des fers ;
De sa main vive autant qu'adroite,
Un trait sûr est bientôt parti :
Il vise à *gauche*, il vise à *droite*,
Mais il n'épouse aucun parti.

Du vrai bien la voie est étroite ;
Qui de nous la découvrira ?
Est-elle à *gauche* ? est-elle à *droite* ?
Le temps seul nous en instruira.
Ce vieux sorcier, qui toujours fauche,
Fauche en courant, grands et petits,
Il fauche à *droite*, il fauche à *gauche*,
Et fauchera tous les partis.

M. Armand Gouffé.

FIN.

TABLE

DES CHANSONS ET POÉSIES.

MM.   Pages.

ALEXANDRE.

   Mes vœux. 248

ARMAND - GOUFFÉ, *associé*.

   La Gauche et la Droite. 273

ARMAND-SÉVILLE, *convive*.

   Le Débiteur à la Mode. 159
   Conseils aux Atrabilaires. 195

ARNAL.

   Le Journal. 209

ARTOIS DE BOURNONVILLE (L. A. T. d'), *associé*.

   Le Départ, romance imitée de Métastase. 37

AUBERTIN, *affilié*.

   A notre ami D.... 146

MM. Pages.

BÉCHU (P.)

Aimez-moi tel que Dieu m'a fait. . . . 126
J'en veux rire. 167
Voilà l'Français ou je n' m'y connais pas. 230

BELLE, *convive*.

Tiens bien ton bonnet. 92
Petite ronde à notre ami Brunet. . . . 149

BÉRANGER (P. J.)

Le Temps. 4

BOUISSON (Justin).

Mon Épaulette. . . - 124
La Réminiscence, ou l'Amoureux enrhumé. 163

BRAZIER, *convive*.

Les Glissades. 1
Le Berceau. 135

BRIAND (A. J. P.), *convive*.

Le trou de la bouteille. 64
La Paix et l'Amour. 222

CARMOUCHE, *convive*.

Vive l'Ivresse ! 19

MM. Pages.

CHAMPCOUR (A. de).

   Nargue du Chagrin. 260

CHARRIN (P. J.), *convive*.

   La Séparation. 49
   Les Amours d'un jeune Tambour. . . 112
   L'Espérance. 166
   Les Présens. 257

CHATEAUBRIANT (de).

   Le Cid. 110

CHÉRONNET (D. J. F.).

   Le Diable. 192
   Je ris du Qu'en dira-t-on. 235

COMBES jeune.

   Ça vaut toujours mieux que rien. . . 177
   Je puis chanter encore. 244

COUPART, *convive*.

   Mon Docteur. 6
   Je ne sais plus où j'en suis. . . . 55
   A notre ami D.... 144
   Paie Jean-Jean. 184
   Il faut se taire. 223

MM. Pages.

COUPÉ DE SAINT - DONAT (Le Chev.),
convive ; secrétaire.

   Le Chansonnier comme il y en a quelques-uns.. 11
   Ce qui ne me surprend guère et ce qui m'étonne.. 57
   La grande ronde des Fous.. 106
   C'est çà.. 228

COURCY (Fréderic de) , *convive.*

   Les Envies de femme grosse.. 22
   Je ne veux plus être amoureux.. . . 61
   P'tit Bonhomme grandira.. 171

CROSNIER.

   Le retour d'Anacréon.. 137

DENNE-BARON , *convive.*

   Colère de Bacchus contre les Momusiens. 140
   A Cynthie.. 225

DÉSAUGIERS , *associé.*

   Les Champs-Élysées.. 8

DESPREZ (A.), *convive ; maître des Cérémonies.*

   Crin crin , Pan pan, Zon zon.. . . . 15

MM.   Pages.

DESROSIERS (Victor), *correspondant.*

   Je n'en jurerais pas. 175

DUMERSAN.

   Le Bonheur du Jour. 115

DUSAULCHOY (J.), *convive ; Président.*

   La véritable Sagesse. 78
   Les Atomes d'Épicure. 121
   Le Jaloux puni. 182
   Les Baisers d'une Amante. 212
   Voilà l'Homme qu'il me faut. . . . 270

FÉLIX, *convive ; Trésorier.*

   Une Distraction de Jeannette, ou les Pantoufles de M. le Curé. 33
   Les Alliés. 133
   Au mois de Mai. 218
   L'Impromptu. 252

FRANCIS, *convive.*

   Les Choux. 39
   La Grande Bombance. 84
   L'Occasion fait le Larron. 151

FULGENCE, *associé.*

   Nage toujours et ne t'y fie pas. . . 41
   Avis aux Amans, aux Guerriers et à tous le Monde. 157
   A notre ami Désaugiers. 213

MM.   Pages.

GENSOUL (Justin), *convive.*

   Le Laurier. 118
   L'Angelus. 220

HAYET (T.).

   Le Plaisir dans un petit lieu, et le bon vin dans un grand verre. 199

HOFFMAN.

   Le petit Roman. 96
   Le Baiser 180

JOSSELIN (Casimir), *affilié.*

   Le Désespoir d'un buveur. 119
   Vivent les enfans de Momus. . . . 173
   Le Roi de la Fève. 238
   Ah ! si ma femme me voyait ! . . . 262

JOURDAN (Étienne.)

   Bout de Prière à Saint-Jean. . . . 264

LAFONTAINE (W.), *convive.*

   Cela ne mène à rien. 17
   Le Momusien philosophe. 73

LANTIER (Le Chev. de), *doyen des poètes vivans.*

   Les Paradis. 129

MM. Pages.

LECLERC (Jacinte.)

L'Histoire d'un vieillard de 25 ans. . . 52
Si tu voulais! 204

LEDOUX (P.), *convive*.

Épigramme. 105
A notre ami Désaugiers. 213
Le Dîner aux Prés Saint-Gervais. . . . 267

LÉLU , *convive ; Mainteneur*.

L'Argent. 26
L'Émigré dans ses champs. 90

LEMARCHANT.

Franchise et fidélité. 186

LÉOPOLD , *convive*.

C'est bien le cas de chanter. 100
A M. J. D. 138

MARIE (J. F. H.)

La fête des Rois. 188

MOUFFLE (Auguste.)

Foin des partis! Ne songeons qu'à trinquer. 201

MOREAU , *convive*.

Il attend. 194

MM.   Pages.

OURRY, *convive*

   L'Inconstant. 98

OVERNAY (Armand), *affilié.*

   Je suis méchant comme un démon ; je suis doux comme un ange. 29
   Une Promenade à Saint-Cloud. . . . 66
   La Circonstance. 161
   Tout dépend d'la manière de voir. . . 232

PELLETIER (J. B.), *correspondant.*

   Le Bon Vivant. 70

PETIT-JEAN (de Genève.)

   Les Suisses. 240

PRADEL (Eugène de,) *correspondant.*

   L'Enfer. 44
   Le Béarnais. 197
   Le vin clairet de Javote. 254

RADET.

   A ta Santé. 102

RAMOND, *associé.*

   Les Voleurs. 75
   Bonheur passé ne revient plus. . . . 154
   A notre ami Désaugiers. 213

MM. Pages.

ROUGEMONT (Le Chev. de), *convive*; *Président honoraire.*
   Les Absences. 94

S.... (VICTOR.)
   On n'en meurt pas. 246

SAINT-ANGE-MARTIN.
   L'Optimiste. 250

SAINT-LAURENT, *convive.*
   M. Thomas, ou le Provincial incrédule. 87

THÉAULON, *convive.*
   Le Voyage du Languedoc. 81
   Si tu voulais ! 207

VERNET (JULES), *affilié.*
   Le Cœur. 216

VINAY (GABRIEL.)
   L'Hiver. 131

ANONYMES.

Les Auteurs. 111
Impromptu à une jolie femme. . . . 117
Maxime d'un Parasite. 194
L'Emprunt amoureux. 203
Moyen de faire fortune. 227
Henri le Parisien. 242
Épitaphe de M. G. D. L. R. 259
Imitation de Martial. 263

FIN DE LA TABLE.

www.ingramcontent.com/pod-product-compliance
Lightning Source LLC
Chambersburg PA
CBHW070809170426
43200CB00007B/857